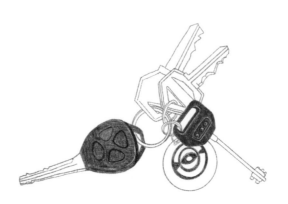

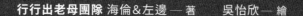

行行出老母團隊 海倫&左邊 ── 著　　吳怡欣 ── 繪

寫給孩子的
第一本
工作圖鑑

媽媽
上班的時候

目次

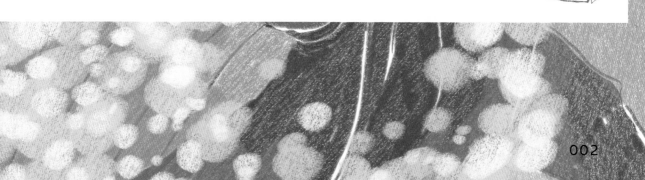

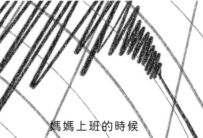

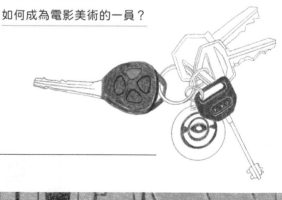

你知道媽媽做什麼工作嗎？當媽媽出門上班時會不會好奇，為什麼媽媽不能在家陪我呢？

在自然動物的世界裡，哺乳類的動物需要照顧剛出生的孩子，保護他們不受到傷害。當孩子漸漸長大，也需要帶著他們去覓食或是把食物帶回家。然而，在所有的生物中，人類是唯一要去工作賺錢來換取溫飽的動物。不管是爸爸還是媽媽上班工作，並非只是為了賺錢維持家計，雖然這是一個重要原因。更深層的原因是透過工作實現自己的夢想和目標。

人類的需求有很多不同層次，溫飽後就想要追求一個很抽象的東西叫作欲望。如果能實現欲望，就能滿足成就感，更讓我們發現自己的潛能，實現自己的價值。一個社會要能好好運作，都需要不同的人在各自的工作崗位上好好扮演自己的角色，貢獻自己擅長的專業，互相幫助對方，整個社會的運作才會順暢，所以人們工作的意義還包括對整體社會的貢獻。

為什麼人要上課學習呢？就是為了獲得知識，並且一路慢慢尋找適合自己未來的工作領域或項目。這本書會帶你認識各行各業的媽媽們，讓我們一起看看她們的工作內容，一起來了解三十個不同職業的媽媽故事。

你有偶像嗎？如果今天給你一個阿拉丁神燈，你會想要許什麼樣的願望，變成怎樣的人呢？希望這本書能夠啟發你們，對自己的未來充滿信心。願各位都能夠在成長的路上找到自己的夢想。

祝大家閱讀愉快！

MOMMY

1

科技理工老母

洪文玲

你喜歡動手做嗎？當你的腳踏車落鍊，你會不會自己修理？

當家裡漏水時，你會想去解決嗎？

或許你喜歡動手做一些有趣的事情，例如：鋸木頭、疊磚塊、

拆電器，同時你也很喜歡解決問題和接受挑戰，

如果你喜歡這些事情，進入理工學科應該會得到很多樂趣。

我是如何成為科技理工人的？

你看過船嗎？你能想像一艘船該有多大嗎？

現在造船系要處理的船可能大到四百公尺長！四百公尺有多長呢？是標準田徑操場一圈，所以那是非常龐大的船。

高中時因為非常喜歡物理，希望在大學能繼續學習物理，隨著分數填志願，我來到了臺北的造船工程系。念造船系不只要會建造船體，還要讓船上所有機械設備都能正常運作，造出來的船要耐用、要承重、要能節約能源，還要能抵擋海上所有突發狀況，現在又加上 AI 和大數據的資料運用，這些都是造船系需要學習的項目，而且這艘船還要能在隨時變動的海上安全地行駛。

而工程❶就是需要針對這些實際發生的問題提出解決方案，從經驗與錯誤中學習，進而產生出一些可運用的方法。古代的人不需要先讀工程知識，依然可以造船搭橋，因為這些能力都是經由不斷嘗試得到的珍貴經驗。

現在有點反過來，為了讓現代人加速學習，於是產生了工程相關課程和學習步驟，和以前從「經驗中」學習的過程不一樣，我們現在念的都是前輩們累積下來的智慧。

畢業以後，我到工程科系任教，透過研究許多工程災難的案件，逐漸體會到，工程應該要為更多人服務，讓更多人得到滿足才對，而且應該要協助產業，讓這領域越來越好，比如「協助產業減少汙染排放」，讓每個人都感受到工程與自己日常的關聯性，才是現今社會的工程價值。

---

① 工程：有一定計畫進程的工作。

成為科技理工人要有什麼必備的能力？

生活中，我們都在使用科技工具解決問題，科技幾乎無所不在。如果你有自由想法，能用科學態度面對問題，用科技方法處理事情，人人都可以是科技人。

以前沒有計算機，要念理工都需要具備很好的計算能力，隨著工具進步，運算能力的重要性已經降低，而且理工和科技產業的運作其實是非常複雜的，需要解決的問題很多，因此需要更多元的專業人才一起加入。

社會一直在變動，你們出生成長的世界已經和我們不同，你們可以積極建立屬於自己的工程世界，這樣這個領域才能不斷進步。

但是，為什麼現在念理工的女生還是這麼少呢？其實不是女生念不了理工科❷，而是理工科吸引不了女生，所以女生會更主動的去選擇其他科系就讀。

其實科技已經融入我們的生活，大家要認真的看待科技，運用科技。

用腦思考，用手做事，如果心裡有疑問，也要認真追求答案。多嘗試自己動手做，或是尋找喜歡的夥伴一起合作，這社會就會因為你的參與而繼續轉動。

---

② 理工科：泛指與數學、自然科學（即「理科」）以及工程學（即「工科」）相關的學科。

給孩子的話：

多觀察身邊的事情，深入思考與收集資訊，然後動手做；在做的過程中，要記得時時和他人分享自己的想法和做法，才能知道自己的盲點與不足，不用在意說的是否正確，因為我們可以從和他人的互動中，修正或改變自己的想法和做法。

　　　　　　　　　　　　　　媽媽上班的時候

開箱工作現場：

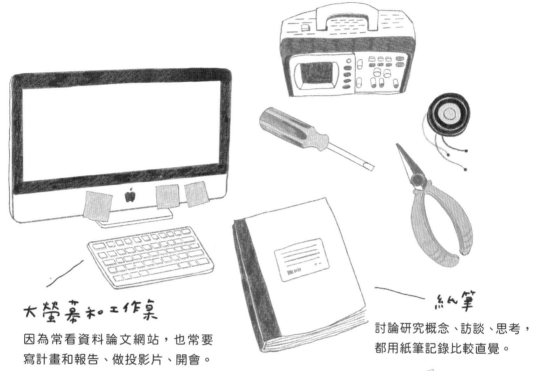

大螢幕和工作桌

因為常看資料論文網站，也常要寫計畫和報告、做投影片、開會。

紙筆

討論研究概念、訪談、思考，都用紙筆記錄比較直覺。

手機

用來聯繫及安排開會討論、上課演講、指導學生。

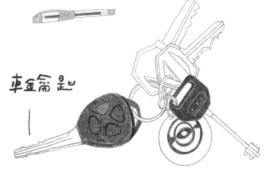

車鑰匙

因為常常出門到處參訪，拜訪田野，有交通工具更方便增廣見聞，擴充認知。

MOMMY

2

AR 老母

白璧珍

你有玩過寶可夢嗎？這個遊戲可以透過手機追捕小精靈，

最有趣的是，遊戲裡的地標和街景都跟真實世界一模一樣，

就像你真的出門去抓寶，

透過手機鏡頭，會看到真實的街道和虛擬的寶可夢一起出現。

這樣虛實交互的技術叫作 AR，

也就是擴增實境（Augmented Reality）。

我們來聊聊到底什麼是 AR ？

大家可能都聽過擴增實境 AR ❸，加上最近出現的元宇宙，這些都是虛實融合的概念。什麼是虛實融合❹？

比方說，你用線上學習軟體時突然跳出一個虛擬人物和你對話，讓學習變得像玩遊戲的感覺，或是你去逛恐龍博物館，透過手機鏡頭，螢幕裡的恐龍突然動了起來，就像真實的出現在眼前，這些都是 AR 技術的虛實融合應用，這樣的互動方式能讓學習變得更有趣。

除了 AR，你可能還聽過虛擬實境 VR。我之前做過遊戲產業，因為遊戲是虛擬的，所以可以蓋出任何虛擬場景，這個就是虛擬實境 VR。二○一六年開始有穿戴式載具❺，只要戴上頭盔，馬上就可以進入虛擬場景中，這個也是虛擬實境 VR。

我們常常開玩笑的說，<u>AR 比較像活見鬼，就像在現實環境中看到不可能存在的虛擬物體，而 VR 比較像觀落陰❻，只要戴上穿戴式載具就能進入另一個世界。</u>

另外還有 MR 和 XR，MR 是混合實境，和 AR 概念相似，都是將虛擬和現實結合，只是透過不同的載具完成，或是之中有一些更複雜的手勢、眼球或空間定位技術等。XR 則是延展實境，延展實境通常包含了 AR、VR、MR，可以說是三種技術的總稱。

③ 擴增實境：透過手機螢幕，可以看到寶可夢出現在真實的世界中，讓遊戲和現實世界結合起來，這就是擴增實境。

④ 虛實融合：在這個世界裡，真實和虛擬的事物可以一起存在，玩遊戲或學習時，感覺就像是真的在那個場景中。

媽媽上班的時候

為什麼想進入 AR 領域？

我大學讀中文系，因為當時還不確定自己未來要做什麼，但這段學習對我的人文素養與學習賞析各類事物有很大的幫助。後來我去英國讀行銷碩士，對從事數位科技產業也帶來很大的影響，當時在英國剛好面臨數位網路銀行服務的興起，我感受到數位在各行各業的重要性。不管哪個行業都需要站在使用者立場，設計出符合客戶需要的產品或服務，這樣的科技運用才會更貼近人的需求，而不是為了科技而科技。

我的個性面對人群時較為低調，但是面對挑戰時很喜歡想像各種可能性。這在創造擴增實境 AR 和虛擬實境 VR 體驗時有很大的幫助，因為我的想像力和創造力可以幫助我完成目標。

我很喜歡透過 AR 技術讓事情變有趣，比如讓自然科學博物館裡的靜態標本動物可以透過 AR 跳出畫面，讓動物進入現場空間爬行或飛翔，也可以讓標本的牙齒骨架呈現自然的動態咀嚼動作，看起來就像活的一樣。在未來，這樣的運用可以有更多天馬行空的想像。

我大概是臺灣第一個使用 AR 概念和技術創業的人，AR 是很有魅力的科技產品，可以直接跟消費者互動，應用在不同的地方，適用於不同行業。每當我們透過 AR 技術接觸到一個行業，就會發現我們能創造出許多新點子與呈現方式。無論是 AR 技術或是合作的夥伴，都可以發展出無限可能。

---

⑤ 載具：此處是指電子載具，例如：手機、眼鏡、平板將虛擬化的物件和實體世界結合。

⑥ 觀落陰：道教相信透過通靈儀式，將紅布綁在眼睛上，閉上眼睛，就會見到過世的親人。

給孩子的話：

想要進入科技產業不必然要念理工科系，重要的是要能夠「喜歡」科技。因為只有當你喜歡它，才會對它產生很多想法，並且激盪出火花，創造出各種可能。

媽媽上班的時候

開箱工作現場：

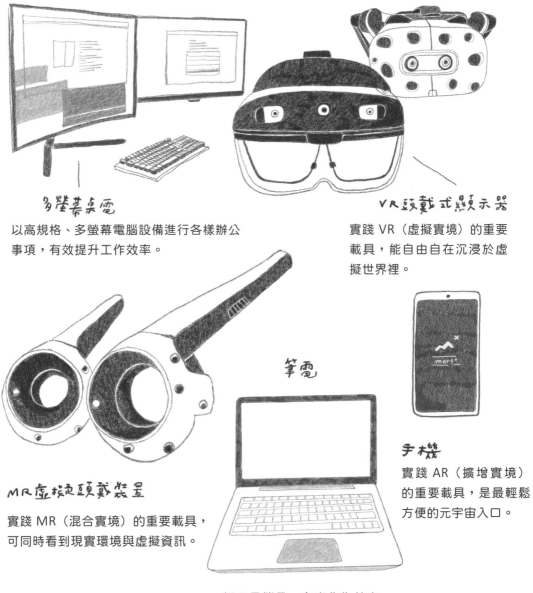

多螢幕桌電

以高規格、多螢幕電腦設備進行各樣辦公事項，有效提升工作效率。

VR頭戴式顯示器

實踐 VR（虛擬實境）的重要載具，能自由自在沉浸於虛擬世界裡。

MR虛擬頭戴裝置

實踐 MR（混合實境）的重要載具，可同時看到現實環境與虛擬資訊。

筆電

輕巧易攜帶，多半作為外出開會及辦公之用。

手機

實踐 AR（擴增實境）的重要載具，是最輕鬆方便的元宇宙入口。

MOMMY

3

親子音樂製作人老母

謝欣芷

一二三四五六七，七六五四三二一

我的愛和我的心全都屬於你

你聽過這首〈數星星〉嗎？

如果你聽過甚至會唱這首歌就太棒了，

因為這是我最受歡迎的作品，如果沒聽過也沒關係，

想想你最喜歡的歌是哪一首？一起大聲唱吧！

親子音樂是如何創作出來的？

我是親子音樂製作人，親子音樂是適合全家人一起共同欣賞的流行音樂，和一般的流行歌曲一樣有各種不同的編曲風格，但是在旋律和歌詞的設計上，兼顧了大人會覺得好聽，歌詞內容也適合小朋友，爸爸媽媽還可以配合音樂，和小朋友一起跳舞、互動、玩遊戲。

音樂製作人的工作是整理出一個音樂概念，用音樂說故事，從設計歌詞、旋律、編曲，到規劃樂器和演唱者的聲音，甚至是和所有工作人員協調聯絡等，都是音樂製作人的工作內容。

音樂製作人就像大廚師煮菜，不用自己去種菜，但要懂得如何搭配食材，才能完成美食。也像小組長一樣，需要領導其他人一起完成任務。可能會自己寫歌寫詞，也可能邀請別人協助完成，和作詞作曲的老師溝通想要的曲風形式，確認需要的音色，再跟編曲老師溝通需要怎樣的配樂或使用哪些樂器。

因為我做的是親子音樂，常需要帶著小朋友到錄音室配唱，所以跟小朋友溝通也是我的工作。該怎麼唱，溫柔一點或是快樂一點，都要好好傳達給小歌手，把演唱的聲音錄好以後，就要進入剪輯。這時候，我會拿著聲音設計圖給剪輯老師，比如說，一首歌我安排六個小朋友唱，每個小朋友唱五遍，剪輯老師就要一句句的聽，聽三十遍，然後用軟體剪輯聲音，有點像拼圖，將最好的聲音串聯起來，接下來用電腦軟體細細地調校音準，最後進入混音。

混音老師就像魔術師，負責把聲音放到對的位置，他會讓你感覺到歌手就在你面前唱歌，很真實又很立體，當所有的聲音都調整到耳朵感覺和諧之後，才到母帶❼後期製作；最後音樂製作人還要跟唱片企劃人員討論專輯包裝，或封面需要呈現的感覺，整張專輯才算完成。

---

⑦ 母帶：初次錄製未經轉錄的錄影帶或錄音帶。

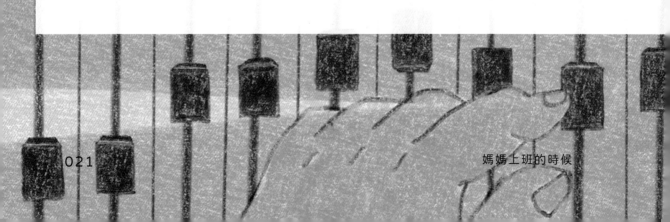

我是如何成為親子音樂製作人的？

我三歲的時候開始學音樂，班上大都是比我大兩三歲的孩子，學習過程中，老師認為我很有音樂天分，因此母親希望我能朝天賦發展，於是培養我走上音樂之路。小學二年級我上了「音樂資優實驗班」，術科課程變成生活的重心，每天需要花大量時間在練琴或樂團中，當時的我其實沒有很享受那樣的生活，甚至一度開始埋怨母親。儘管如此，我在學校表現還是很好，是個相當出鋒頭的孩子。

一直到升國中的音樂班考試當天，因為自己的驕傲，忽略了需要替小提琴調音就直接上考場，結果成績跌破大家眼鏡，只考上備取 ❽。對我來說，那是人生第一個真正的挫折和打擊，我對自己感到相當失望。甚至告訴媽媽「我再也不要學琴」、「再也不要碰樂器了」。

後來，上了普通班，卻因為國小時將心力都放在音樂術科，成績落後一大截。沒有了音樂，功課也比別人差，我不知道哪裡還有我的位置。直到國中的音樂老師對我伸出手，她對我的關愛，讓我重新找回因為喜歡表演，喜歡音樂而閃閃發亮的自己。也對我之後決定成為音樂教育工作者有深遠的影響。

大一、大二時，因為學校組織變動的關係，導致我的指導老師每年更換，相對的，在校學習表現就不是很穩定，當時我也懷疑自己是否真的能夠畢業。幸運的是，我在大三的時候遇到的一位老師，同樣也帶領我走出當時的困境，指導我順利拿高分畢業，也種下我研究所想要研讀音樂教育的種子。這兩位老師都在人生最關鍵的時刻幫助了我，拉了我一把，我也希望自己能夠透過音樂的力量，帶給孩子們鼓勵與支持，也促使我踏上親子音樂製作之路。

---

❽ 備取：要進去一間學校有名額限制，必須用考試排名來決定，考試結果出來以後，預備在正取缺額的時候所遞補的名額。

給孩子的話：

你喜歡唱歌嗎？唱歌時你會有什麼樣的心情感受呢？想愛上音樂，可以從唱歌開始，發自內心地哼唱出旋律或歌詞。我認為學音樂的目的，是要能夠享受音樂，在練習的過程，就是在培養能夠享受音樂的技能！

開箱工作現場：

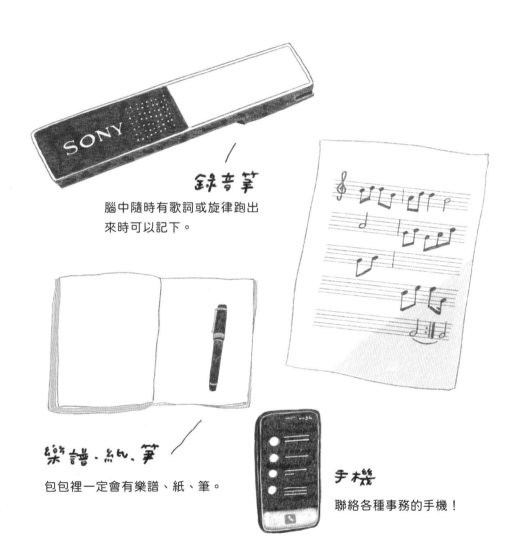

錄音筆
腦中隨時有歌詞或旋律跑出
來時可以記下。

樂譜、紙、筆
包包裡一定會有樂譜、紙、筆。

手機
聯絡各種事務的手機！

親子音樂製作人老母

MOMMY

4

太空老母

朱崇惠

你曾經夢想過成為太空人嗎？

小時候，班上總會有一兩個同學想去 NASA 太空總署工作，

想要探索外太空是不是有外星人，

這工作聽起來偉大又科幻，感覺只會出現在電影中，

你覺得廣闊的太空中，真的有適合人類居住的其他星球嗎？

你聽過國家太空中心和衛星嗎?

我在國家太空中心工作,主要負責主持衛星計畫。

衛星跟我們日常生活息息相關,比如氣象報告裡出現的衛星雲圖,就是從衛星上拍攝下來的。還有電視、電話、廣播、網路和軍事領域的訊號傳遞都是衛星可以提供的服務,另外,GPS 定位也是衛星的功能。

為什麼臺灣需要研發自己的衛星?簡單說,只要擁有衛星,就會擁有資料,其他國家就會來跟你交換資源,也會承認你有太空領域的知識,就會進一步願意跟你合作。另外,如果我們國家可以擁有自己的衛星,相對來說就比較有自主權,在某些緊急時刻,其他國家不一定會願意幫你從太空攝影,或是協助你進行衛星通訊,所以當你擁有衛星的時候,就擁有某種程度的自主權。

我負責的衛星計畫是「福衛七號」,因為這是一個國際合作計畫,除了要克服複雜的技術,還要同時跟來自美國、英國的成員合作。

譬如說,我們合作的火箭公司就是個朝氣蓬勃的公司「Space X ❾」,合作夥伴中也有從英國大學發展出來的衛星公司,他們就比較從研究的觀點來做事,合作單位中還有非常嚴謹的美國政府,他們的做事態度就是一件事情反覆檢查非常多次。

這些跨國合作需要花很多精神整合,整合成功之後,就是一支很厲害的團隊。

太空中心有一到三期的發展,一期時,建立基本能量;二期時,建立自主能量,自己有能力研發;現在已經進入太空三期,是太空經濟的時代。

---

❾ Space X:是美國一家民營航太製造和太空運輸公司,並且是研發可回收火箭的先驅。

如何才能成為太空中心的一員？

高中的時候我念第二類組理工科，選填大學科系時覺得傳統的電機機械類聽起來很硬，後來就選擇了大氣科學。後來到國外念研究所時，我的指導教授在學校實驗室做太空儀器的開發，雖然我只是做資料處理，但是當時因為有機會接觸，覺得很有趣，於是就踏入太空領域。

我從美國碩士畢業那年，剛好臺灣的太空中心剛建立，當時太空中心的長官希望藉由向外購買衛星，也就是「福衛一號」，讓得標廠商幫忙臺灣建立工程團隊，讓我們有機會累積自己的技術。很幸運的，我成了團隊的一員，又再度回到美國，我沒有衛星的知識背景，幾乎是從頭學起，有點類似學徒一樣，由師父帶著我們手把手一起學做「福衛一號」。

後來「福衛二號」也是利用類似方法，但我們已經慢慢磨練出技術，也從學徒的眼光累積了一些實戰經驗，所以我們就開始試著自己設計，自己發展，自己操作。「福衛三號」是一個氣象衛星計畫，加上我本身就是大氣科學領域，於是我就有機會從頭參與到尾，因為有完整的經驗加上「福衛七號」是「福衛三號」的後續計畫，我也就榮幸的成為了「福衛七號」的計畫主持人。

太空中心目前有很多計畫，一年的經費有二十幾億，但太空中心的人數只有兩百多人。所以應該要補齊人力，有足夠的人才，才可能讓太空產業發展進步。只要你有理工背景，即使在學校沒有學習太空相關知識，只要入職後努力一點，也都能勝任，非常歡迎加入我們的行列。

太空老母

給孩子的話：

想要進入太空產業，有一顆好奇的心是最重要的，有理工背景
的年輕人都有機會，最重要的是要喜歡學習新知識。太空中心
每年都會開放海內外實習生，另外成功大學、中央大學、陽明
交通大學、臺北科技大學、逢甲大學都有太空課程，歡迎有興
趣的同學選修學習。

媽媽上班的時候

開箱工作現場:

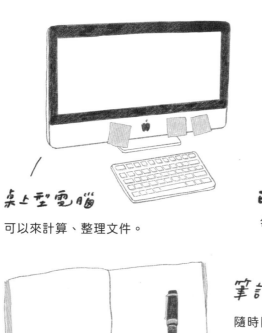

桌上型電腦

可以來計算、整理文件。

Email、LINE

每天對內對外溝通的工具。

筆記本

隨時隨地記下計畫成果與
要做的事情。

筆

各種顏色的筆可以幫助分類。

MOMMY

5

AI 老母

溫怡玲

你聽過愛麗絲夢遊仙境的故事嗎？

當愛麗絲進入了紅皇后的領地，

她要一直拚命跑，才能保持在同一個位置；

如果想前進，就必須跑得比現在快兩倍才行。

我們現在面臨的環境快速變化，

就像在紅皇后領地，想要跟得上，就需要 AI 人工智慧的協助。

AI 是什麼？

任何能夠表現出像人類思考或者是行為的東西就叫作 AI。

像是冷氣機，只要偵測到溫度變高，它就會自動運轉，這就是從前的 AI。現在，我們手機裡也統統都是 AI，Siri 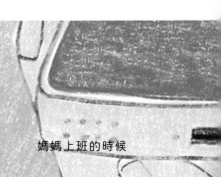是，地圖導航也是。

一九九○年代，IBM 的深藍超級電腦打敗了西洋棋專家。

有人去請教語言學專家，AI 可以打敗人類是不是真的很厲害？

語言學家問他：「你身為人為什麼要去跟推土機比力氣呢？」

現在的 ChatGPT ⑪看似無所不能，甚至比人還厲害，但其實還是有很多錯誤。比如說我問 ChatGPT 關於我的求學背景，它堅持我是電機系或是資訊工程系，但其實我是新聞系畢業的，它會這麼說是因龐大的資料庫用機率推算，從事人工智慧相關領域大都是這些科系畢業的，所以 AI 只是用非常快的電腦算力算出最可能的機率，但 AI 的推論並不會完全正確。

AI 可以推理，也可以互相訓練，但是電腦只能接收具體的、可以測量的資料。你說「今天氣氛好詭異」，但電腦不知道「氣氛」是什麼，因為「氣氛」無法測量。所以 AI 需要具體的資料，也需要運算資源才能運作。

對於未知的恐懼很正常，人工智慧有一定的規則，和我們人類用常理去判斷，其實是不同的。所以對於人工智慧要有一些基本的了解，才能夠比較正確的看清楚整個事情的樣貌。

---

⑩ Siri：像是一位聰明的助手，住在手機裡。它使用人工智慧來理解人們的話並回答問題。

⑪ ChatGPT：是一個人工智慧技術聊天機器人。可以和它聊天、問問題。

媽媽上班的時候

我如何進入 AI 這一行？

　　我在鄉下長大，小時候有很多可以發呆的時間。那段刻意的留白其實很重要，有時候身體在做事，腦子就開始想未來要做什麼。更正確的說，我是先知道自己不想做什麼事。我不想跟家裡一樣開美容院，因為不想一直把手放在泡泡裡。但是我覺得可以寫字是很開心的，可以說故事更開心，就一直往這方向走。

　　會念新聞系是因為我對數學不感興趣，學到理化的時候，覺得自己好像是某種有缺陷的人，但是我知道自己的文字能力還不錯，而且也想改變社會，就決心念新聞系當記者。我一開始跑政治線，接著到財經領域。

　　後來到人工智慧基金會協助組織重整與制度建立，再來才是逐步完成課程整理，後來我們建立了知識社群，協助校友在各產業裡推動 AI 化。

　　很多人以為記者就是寫字的人，會寫字的人就能當記者，或是有臉書的人就會經營社群，但其實這背後都有一些關鍵的專業能力。「知識分享」的專業或許會因為科技進步而方法不同，但決勝點仍然是我們的想法，很多人問我「念文科的學生是否最容易被人工智慧取代」？其實並不是這樣的。

　　因為人的腦子裡有太多結構，複雜的程度到現在還找不出正確且一致的答案，所以**如果要討論未來工作競爭力的核心是什麼，「學會問問題」才是最重要的價值。**

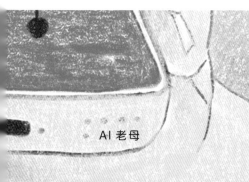

AI 老母

給孩子的話：

不用害怕 AI 一直進步，我們要思考的是，人類到底需不需要像哆啦 A 夢一樣的「強人工智慧」⑫，需要它來做什麼呢？假設我們真的需要，它才有可能出現，所以並不是單純有技術就可以影響未來。科技始終來自人性，而科技發展最終還是回到人的需求上。

---

⑫ 強人工智慧：具備與人類同等智慧、甚至會超越人類的人工智慧，能表現出人類所具有的所有智能行為。

開箱工作現場：

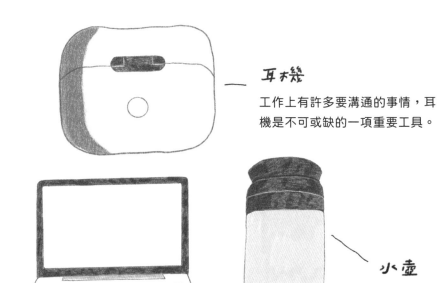

耳機

工作上有許多要溝通的事情，耳機是不可或缺的一項重要工具。

小壺

保持水分補充對於長時間坐在電腦前工作的人來說很重要。

筆電 電腦是最基本且必不可少的工作工具。

MOMMY

運動經紀
行銷老母

李思妍

你喜歡運動嗎？你有特別喜歡的運動選手嗎？

奧運時，你會跟著家人一起觀看臺灣選手的比賽，

一起幫忙加油打氣嗎？

你覺得運動員，除了比賽努力爭取成績贏得眾人目光之外，

還有哪些方式能讓更多人認識自己呢？

你聽過運動經紀行銷嗎？

行銷，簡單說就是將「價值」傳遞給消費者，所以套用在運動行銷上，就是將「運動的價值」讓更多人知道。

運動行銷其實分成兩種，一種是「行銷運動」，也就是去推廣運動比賽、運動選手或是運動產品，讓更多人可以認識這些比賽、選手或是產品。另一種是「透過運動去做行銷」，比如有些品牌覺得購買自己產品的消費者可能會喜歡某種運動，於是就會透過贊助，例如：Nike 提供世足賽球員比賽球衣，當球員上場比賽時全世界的人就能看到 Nike 的 logo ⑬，藉此幫 Nike 打廣告，這種就叫作「運動行銷」。我的工作內容很豐富，要規劃和執行運動比賽、安排產品的廣告播放頻率，甚至要主動找適合這項運動的企業談贊助合作。

至於「經紀」又是什麼呢？運動員經紀基本上就是他們的保母，要照顧選手的各個面向。如果運動員本身成績很好、很有名，企業大部分會主動和我們合作，一些潛力新秀如果需要訓練經費或旅費去參加國外比賽，我就要想辦法將這些運動員推銷給更多企業，爭取贊助⑭經費。

因為受到前世界球后曾雅妮的信賴，我創業後辦了「曾雅妮裙襬搖搖⑮高球訓練營」活動，需要邀請國外的高爾夫球教練群和臺灣最強的青少女選手一起進行高爾夫集訓，我發現國外教練會特別在意選手的心理素質，而臺灣還是以成績為主，這就很值得我們學習。

---

⑬ logo：每個團隊或公司都有一個特別的圖案或設計，logo 就像一個圖形名片，幫助人們快速認出和記住。

⑭ 贊助是一種雙方得益的活動，贊助人付出錢或資源，支持受贊助人進行指定活動、學習或研究。

⑮ 裙襬搖搖：高爾夫球隊，結合傳統蘇格蘭裙與現代活潑風格，增添趣味與青春活力。

如何成為運動經紀行銷？

我從小就喜歡運動，不是厲害到能夠加入校隊的程度，但只要我喜歡的運動就一定要練到會，大學選擇了當時還很新的運動管理學系，剛好融合了我喜歡的運動和想學的行銷傳播領域。

運動領域通常是專業路線，比如體育系或是運動營養系，所以跟運動相關的科系真的不多。運動管理學系主要學習管理「運動」這產業，大部分在學運動行銷，大二大三開始學習運動心理學、運動營養學，只要跟運動有關的都得學過一輪，內容包羅萬象。

學習運動行銷對我後來工作幫助很大，我大學在嘉義念書，二三十年前學校旁邊都是農田和牛。當時除了中華職棒❶⑥之外，還有那魯灣集團❶⑦，其中「嘉南勇士」球隊的主場就在學校旁邊的棒球場，老師極力幫我們爭取實習機會，我就直接去跳啦啦隊，莫名其妙地成為首代職棒啦啦隊員（編按：也就是林襄、峮峮的大學姊），也因為這樣的機會，可以直接觀察並服務球迷，學習如何招募❶⑧球迷來看比賽，思考行銷的運用，建立這些基本概念之後就到大公司實習。

我大概三十歲就做到大型廣告公司的運動行銷部長，為公司籌辦了各種大小的國際比賽。同時我也看到運動員當時的處境，他們在訓練養成過程中需要大量的經費或是聘請好的教練指導，但是不見得每個人都能得到這些資源，這是非常可惜的，所以我就和志同道合的朋友一起創業，希望能幫助這些選手。

---

⑯ 中職（中華職業棒球大聯盟）：是臺灣目前唯一的職業棒球聯盟，也是臺灣最早成立的職業運動聯盟。職業棒球聯盟就是好幾個棒球隊參加比賽的。

⑰ 那魯灣集團：創立臺灣第二個職棒聯盟，推動職棒發展，最終因經營困難與中華職棒聯盟合併後解散。

⑱ 招募：招募就像是尋找新隊員加入團隊的過程。透過招募，團隊可以找到有才能和熱情的新成員，幫助團隊變得更強大。

給孩子的話：

如果你喜歡運動，也喜歡接觸新事物，個性外向並且很細心，

或許以後你也可以成為運動經紀行銷的一分子。

媽媽上班的時候

開箱工作現場：

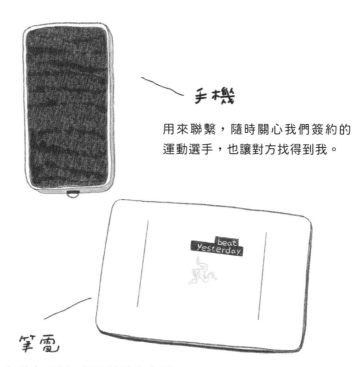

手機

用來聯繫，隨時關心我們簽約的運動選手，也讓對方找得到我。

筆電

無論在哪裡，都可隨時寫企劃。

MOMMY

7

數據科學老母

Peggy

你看過 YouTube 或是 IG 的影片嗎？

你有沒有發現，當你看過某種類型的影片，

比如玩具或是食物開箱，

下次當你再上 YouTube 或是 IG 時，

會被推薦更多相關的影片，

其實這些都是數據分析運作的結果。

什麼是數據分析？

數據科學也叫作資料科學，這是所有科學的理論基礎，因為所有科學都是看數據說話。

你可能會好奇，什麼是數據呢？其實每個人的資料都是數據，而數據的應用到處都是，比如你常到圖書館借漫畫，下次當有新的漫畫可借的時候，圖書館就能馬上通知你。透過數據分析，商人就能預測你的購買習慣和偏好，推播你喜歡的影片、音樂、餐點或是打折的訊息給你，希望你再次想到他們，然後去消費。

現在大家都用智慧型手機，隨時都在上網，網路記錄是每秒上傳，所以數據也越來越多，越來越重要。因為數據隨時都在我們身邊環繞，所以人人都應該是數據科學家，當你了解數據，就能分析數據，你可能很常聽到「大數據」，「大」就代表資料量很多的意思，但如果不清理或分析數據，資料量再多也沒有意義。

例如：你想邀請同學來參加生日會，不知道要準備多少餐點分量，這時可以透過數據收集來協助你分析和決定。

數據分析的順序是問問題、蒐集資料、清理數據，然後圖像化，再來就是分析預測。所以問對問題是很重要的第一步。

清理數據是把不合理的數據剔除，比如你問大家通常一餐能吃幾片披薩，大部分同學回答二到三片，但有個同學說能吃五十片，這顯然就是不合理的數據，就該被清理，最後根據統計結果轉換成圖表，再根據圖表分析出結果，你就能知道該準備多少份披薩。

如何進入「數據科學」這一行？

我大學念經濟系，在學習中一直在尋找自己喜歡什麼，因為對網路產生興趣，研究所便轉考資管，專攻資料庫以及統計，後來一頭栽進資料分析的領域，也就是現在的「大數據分析」。

講到數據分析，有個好玩的案例一定要跟你們分享，美國知名大賣場沃爾瑪（Walmart），曾專門規劃專區同時陳列啤酒和尿布，因為他們從客戶的消費行為分析中發現，顧客常常會把尿布和啤酒一起打包帶走。

分析後發現，新手媽媽生產完後在家照顧寶寶，新手爸爸就在下班時間去買尿布，為了犒賞自己，買尿布的同時順道帶一手啤酒回家。這樣有趣的關聯反應到行銷活動上，果然讓尿布和啤酒同時大賣，這也激發了我對數據分析的興趣。

我常帶著九至十三歲的孩子研究數據，數據表格有欄（直）和列（橫），不要說小朋友，有時候大人也答不出來欄和列的位置。有了表格的概念後，才有數據架構。

過程中需要很多的討論和提問，每個步驟都有邏輯，清理數據的過程需要不斷思考，分析後把圖表畫出來，根據圖表去說一個故事。當你觀察越細膩，故事就會越豐富。現在工具很進步，通常填入數字，圖表就會自動畫好，但要能把觀察到的故事說出來才是最重要的事。現在的學習方式，讓人常常只知道結果，若能知道背後運作的方法，就能避免錯誤，或是發展更多的應用。

面對未來，凡事都要小心卻也要保持好奇，數據分析的能力會是每個人未來需具備的基本知識，如果你有數據分析的敏感度，你就能勝出。

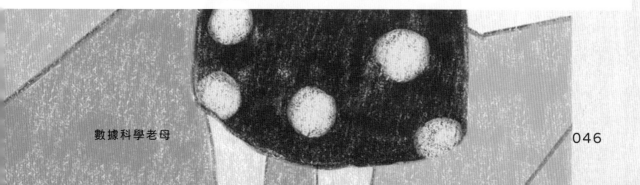

給孩子的話：

如果你也喜歡追根究柢，挖掘事情發生的原因，喜歡分析，或是喜歡說故事，能把前因後果與分析過程說得清楚明確，那你也很適合走入數據分析這個產業喔！

媽媽上班的時候

開箱工作現場:

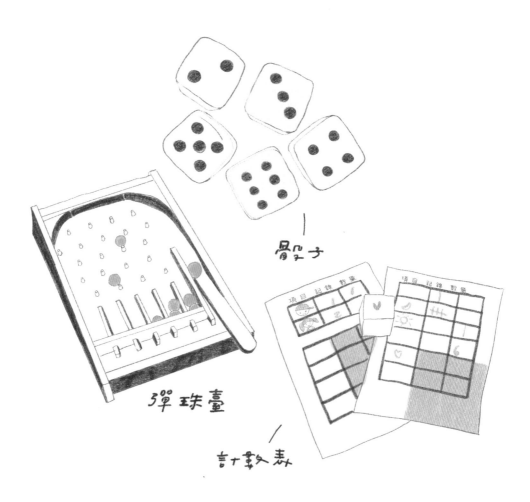

骰子

彈珠臺

計數表

我們在數據課程中,會使用工具如 Excel、彈珠臺和骰子,可以幫助學生理解機率和計數,從而獲得數據進行統計分析。

MOMMY

8

海保署老母

黃向文

看到海灘上的塑膠瓶、塑膠袋、吸管，你會隨手撿起來嗎？

這些垃圾如果不清理會被沖到海裡，對海洋生物造成危害。

流入海洋後可能會分解成「微塑膠❶」的超小塑料顆粒，

透過食物鏈，這些微塑膠可能會被我們吃下肚，

對海洋生物和人類健康都造成威脅。

---

⑲　微塑膠：是非常小的塑膠碎片，小到有時候肉眼都看不見。像
是塑膠瓶和包裝袋這樣的大塑膠物品會慢慢破碎變成微塑膠。

你知道海保署在做什麼嗎？

　　海保署是「海洋保育署」的簡稱，也是臺灣政府負責保護海洋生態和環境的機構之一。海保署的工作範圍包括環境保護和生物保育等工作。我們希望能夠保護海洋環境，讓海洋生物可以健康生存。

　　海保署推動了很多計畫，其中一個重點目標是清除海洋垃圾。我們鼓勵大家參加淨灘活動，讓大家親身體驗海洋垃圾對海洋生態和環境的危害。同時也推廣親子釣魚活動，希望讓小朋友了解釣上來的魚是什麼，並鼓勵釣完魚之後放生，讓魚回到海洋中生活。

　　另外，我們也出版了很多海洋相關的繪本和圖鑑，並與其他單位合作推廣微電影。透過這些方式，加強海洋保育教育，希望藉由教育，提高大家對海洋生態系統的認識和對海洋保育的重視，讓更多人了解海洋的重要性和價值，鼓勵大家採取行動，主動保護我們的海洋和地球。

　　海洋生態非常豐富多樣，除了鯨豚和海龜等知名物種外，還有很多其他生物，例如招潮蟹、彈塗魚、海星和海膽等。我們可以和家人到海邊認識這些生物，一起更深入了解海洋生態系統的豐富性。

　　我們希望大家都能共同努力，保護海洋環境，讓我們的海洋生物可以健康地生存，也讓我們和未來的世代都能夠享受美麗的海洋。

如何進入海保署，
成為保護海洋的一員？

　　小時候我很喜歡大自然和生物，高中念了第三類組❷，覺得未來想要往生物領域發展。大學時，我念臺大動物系，親朋好友問我：「那你要去動物園上班嗎？」

　　其實動物系包含了漁業生物和動物生物，而我念的是漁業生物。畢業後進入漁業科學研究所，才開始慢慢接近海洋。之後考上了高普考❷，進入公部門研究，仍然圍繞著海洋領域，從漁業、資源到海洋保育，都是我的研究方向。

　　後來政府要把漁業署南遷到高雄，因為當時我的孩子還小，無法離開臺北到高雄工作。幸運的是，海洋大學剛好有個教授職缺，在我申請成功後進入大學當教授，繼續從事遠洋漁業和海洋生物保育相關的研究。

　　臺灣是一個海洋國家，但是海洋事務散落在每個部門，無法全力整合和推廣。經過了大約十年的時間，海洋法和海洋保育組織終於通過了，也就是海洋保育署，這個新機關❷最初在南部成立，而我也再次進公部門服務。當初我從臺北南下時，只有三個人，所以我總是跟同事開玩笑，說我來這裡的第一個任務就是要茁壯這個辦公室。

　　我喜歡看書，但到書店找書時很少看到關於海洋的書籍，以前接觸的漁業署和漁業部門都比較著重在「魚」的部分，與「環境」相關的比較少。這也是海保署成立的目的，專注於海洋相關議題的研究和保育，妥善整合資源和知識，提高對於海洋環境和生態的保護和了解，同時也可以更有效推動國際間的合作和交流。

---

❷ 第三類組：醫學組，是高中課程中包含最多科目的類組，專注於生物學，適合對醫學或生命科學感興趣的學生。

❷ 高普考：想成為公務人員需要通過的考試制度。

❷ 機關：有組織的團體。多指辦理事務的機構，像學校、醫院或政府辦公室這樣的地方。

給孩子的話：

想要加入海洋保育行列，除了考公務人員之外，還有其他方式可以參與。比較簡單的是參加志工，只要你熱愛海洋，就可以參加一些相關的海洋環境教育工作。

另外，我們定期招募志工參與鯨豚擱淺的救護工作，例如：基隆、澎湖、屏東和臺南等地都有救護中心，有時需要志工照顧受傷的鯨豚或海龜，等到鯨豚恢復後再野放回海中，這也是參與海洋保育很好的機會。

開箱工作現場：

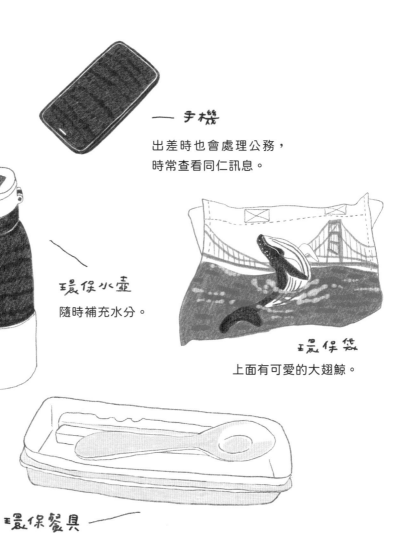

手機

出差時也會處理公務，
時常查看同仁訊息。

環保水壺

隨時補充水分。

環保袋

上面有可愛的大翅鯨。

環保餐具

避免使用一次性餐具。

MOMMY

9

胚胎師老母

陳映潔

在開始講我的故事之前，想先問問大家，

你對於什麼樣的事物特別感興趣呢？

我從小就對生物很感興趣，尤其是胚胎的發育。

Discovery 頻道做過一系列子宮內日記的影片，

影片裡的胚胎發育讓我覺得精密得不可思議，

從一個細胞分裂成兩個，兩個分成四個，

最後竟然知道哪裡該長成手、哪裡該長成腳，

生命的起源真的太奇妙又神奇了。

你聽過胚胎師這個職業嗎？

胚胎師的工作就是每天待在實驗室裡創造新的生命。

我們在取得媽媽的卵子和爸爸的精子之後，透過顯微鏡挑出最有活力的精蟲，算一個最好的時間和卵子受精，因為每個胚胎的特性不太一樣，我們還要幫胚胎選擇最適合的照顧方式，才能擁有最好的著床機會。

偷偷跟你說，我還會跟胚胎說話，對我而言，胚胎就是生命，我真心相信他們聽得到我的加油和鼓勵。特別是那些困難的案例，植入前我會喊：「加油寶貝，我們要把你送到媽媽肚子裡了，你一定要乖乖著床。」最後好多機會渺茫的困難案例，真的都奇蹟般的成功受孕。

現在技術越來越發達，我們甚至可以摘幾顆胚胎的細胞做檢驗，這樣就可以知道這顆胚胎的染色體是否有異常、有沒有一些遺傳疾病，同時也幫助我們挑選健康的胚胎植入媽媽的子宮。

胚胎師的工作其實有點神祕，近幾年越來越多人會來找我們幫忙，除了想要快點有寶寶的夫妻以外，還沒有生小孩打算的年輕女生也會來找我們，她們想在二十五到三十五歲間，趁著卵子品質好的時候冷凍起來，之後就可以去追求學業或是事業的成就，未來想生寶寶的時候，不用擔心年紀影響卵子品質或是不容易懷孕。

除了想生育的人，我們也會服務需要「化療」㉓的病人，在療程之前先把精子、卵子冷凍，等治療結束之後，還能保有生育能力。

㉓ 化療：是一種用來治療疾病的特殊方法，常用來對抗癌症。想像它就像是一種特別的藥，可以攻擊和消滅身體裡不健康的細胞。

媽媽上班的時候

我是如何成為胚胎師的？

我大學念的是生命科學系，大一的時候非常熱愛做實驗，甚至第一個暑假沒有回家，拜託老師讓我留在實驗室練習養老鼠的胚胎，在超高倍的顯微鏡下做一些很細微的操作技術。加上鼠胚的經驗，我研究胚胎操作就有二十幾年了。會想從老鼠胚胎研究轉換到人類胚胎，主要是想獲得更高的成就感，利用在學校所學，培育出抱在手上的寶寶，幫助那些想成為爸爸媽媽的人們。

這十幾年下來我協助培育的寶寶至少超過一千人，最大的都已經是國中生了，想到某個操場上健康奔跑的學生，是經由我的協助而來到這個世界，圓滿了一個家庭，真的讓人充滿喜悅，這就是我想要成為胚胎師的原因，同時也是我熱愛這份工作的原因。

工作時，我很注重每個細節，因為卵子對溫度很敏感，如果沒有存放在三十七度的環境中，染色體就會排列錯亂，胚胎就會長不好，所以我會時時關注溫度、氣體對不對。

我哭點和笑點都很低，跟病人衛教❷❹時候，看到她們哭，我也哭；懷孕的時候，她們開心，我也開心。身為胚胎師，同時也曾經不孕的我，知道她們的壓力和辛苦，希望可以幫忙讓這個期待迎接寶寶的故事有個完美的結局。

「有耐心」也是擔任胚胎師滿需要的特質，如果遇到精蟲很少，或是無精症❷❺的患者，我們就得去「工廠」找精蟲，從睪丸裡面取精。這真的很不容易，得耐得住性子去地毯式慢慢搜索，然後趕快收集起來。

我的個性滿龜毛的，然後容易感動、有耐心。如果你的個性和我接近，說不定你也能成為胚胎師。

---

❷❹ 衛教：衛教的意思是衛生教育（health education）。醫院中的衛生教育則主要是以病患及家屬為對象，提供各種疾病或需求的相關知識。

❷❺ 無精症：男性病患的精蟲製造及輸送過程出現異常。

給孩子的話：

別忘了當初在輸卵管的那場激烈競賽，你是打敗了幾億位選手的冠軍，才能夠來到這個多采多姿的世界。

這張門票得來不易，多去看看，多嘗試去創造更多的可能！

媽媽上班的時候

開箱工作現場:

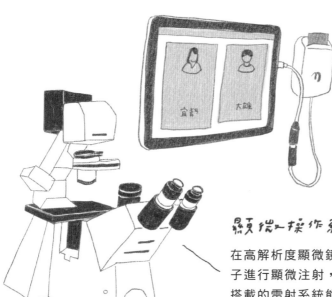

AI智能核對系統

從療程開始到胚胎植入媽媽體內,所有使用的試管及耗材都會綁定夫妻身分,胚胎師每一個步驟都必須經過感應才能執行,避免配錯的風險。

顯微操作系統

在高解析度顯微鏡下,挑出型態優良的精子進行顯微注射,提高受精成功率,系統搭載的雷射系統能精確削薄卵殼,協助胚胎孵化,提升胚胎著床成功率。

液態氮低溫儲存筒

加強版雙層保溫結構,精子、卵子、胚胎可在桶內負一百九十六度℃低溫下長期保存,搭配二十四小時溫度監控警報系統,安全有保障。

縮時攝影培養箱

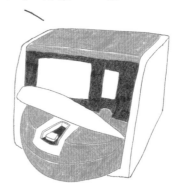

最新培養科技,讓每個胚胎有自己的獨立套房,培養環境穩定,提升胚胎品質,且透過縮時攝影可精確掌握胚胎生長狀況,再經由 AI 大數據分析,找出最具著床潛力的胚胎,提高成功懷孕機率。

MOMMY

10

地震老母

陳卉瑄

半夜遇到地震時，你的第一反應是什麼？

會馬上衝去爸媽的房間，還是靜靜躺在床上等地震搖完？

其實，地震來了要先「數秒」。

你一邊數著「一、二、三、四、五」，

但是越搖越大力，這就表示關鍵時刻到了！

你得立刻就地避難，找地方躲、找東西掩護自己的頭。

你知道為什麼要研究地震嗎？

臺中有個九二一地震教育園區，保留了地震後的學校建築物毀損與地表變形的驚人樣貌，在那裡你可以看到大自然的力量有多驚人。我的工作是研究地震，目的就是了解地震發生的特徵、週期行為，以便對下一次的地震有所準備。在地震的研究當中，我大部分鎖定的研究是「斷層在地底下到底怎麼動？」。

因為斷層「動」的方式不同，對應到的地震特性也不同。大地震發生的時候，住在各地的我們除了感受不同，地表上的災害程度也不一樣。但是無感的小地震，才是真正能解析出斷層特性的重要角色，因為數量多、常常發生，能累積成有意義的統計結果。我的研究就是分析許多微小的地震訊號，監測地下斷層能量累積過程中的變化。除了研究地震，我也花了不少時間做教育推廣。

地震可怕嗎？它們不會停止發生，而且常常伴隨著其他災害（例如：山崩、海嘯、火災等），經由歷史的地震故事，我們可以學到面對地震的態度和方法，因此「臺灣地震學園」這個科普推廣的組織應運而生。

二〇〇四年印尼發生了規模九・三的地震，引發南亞大海嘯，導致二十幾萬人喪生。當時正逢聖誕假期，海邊都是遊客，地震發生後十五分鐘，致命的海嘯抵達靠近震央的亞齊省。想像，如果當時你就在那裡度假，感受到劇烈的搖晃後，你能預期海嘯即將發生嗎？在亞齊省有超過十萬人死亡，絕大多數都是「不曉得海嘯即將來襲」！這提醒我們地球科學「教育」有多重要，**如果每個人都能了解防災的基本常識，在這緊急的時刻不只能救自己，還能拯救他人的生命。**

地震不容易預測和避免，我們能做的就是把自己準備好。現在的建築都有耐震規範，強調「大震不倒」，要避難可以躲在堅固的桌子下方或梁柱邊，或就地取材保護頭部。而情境演練也很重要，大地震可能會導致電力、通訊中斷，這時候你要怎麼辦？提早跟家人討論應變方式，能在真正災害發生時更沉著面對。

如何下定決心研究地震？

地球科學系是學習地球上、地球內外所有的自然現象怎麼發生、如何監測和預測的科學。我任教的師大地科系，就包含了五大領域：天文、海洋、大氣、地質、地球物理。而大學就讀的成功大學地球科學系，當時則以地質學為主流。

因為大學聯考分數分發進入地球科學系的我，一開始並沒有太大興趣，除了一度不喜歡系上的必修科目內容，也被野外考察嚇到，甚至參加過建築系的轉系考。不過這一切在大三的觀測地震學一課中改變了！老師一上課就介紹了很多地球物理相關的工作和機會，像是石油探勘、溫泉區開發、房子建造都需要地球物理的專業，以了解地底下的構造，聽完我熱血沸騰，決定做一個地球物理達人！

事後回想起來，那堂課為何會給我那麼大的衝擊？不盡然是課程中的內容，而是教授開啟了地球科學的另一種想像——地球物理的應用面。也因為地球物理包羅萬象，更深入的學習需要更多數學相關課程的基礎，帶我走向以前從未想像的挑戰，讓我漸漸建立「原來我懂的別人不一定懂」的成就感。畢業後，發生九二一集集大地震，我決定利用衛星影像分析技術，了解地震造成的地表變形，於是「研究地震發生的特徵」這個決定，伴著我一路走到現在。

我是大家口中的「土博士」，在臺灣從學、碩士一路念到博士。在博士班第五年時，因為國科會千里馬計畫的獎學金支持，到美國加州大學柏克萊分校進行一年的訪問研究。到達的第一天，除了跟我在那裡的老闆見面之外，還去敲了另一個偶像的門，說：「我能加入你們的定期討論會嗎？」

英語並非母語的我，因為講得不夠道地，只要有活動邀約，我都參加。跳舞、看電影、去酒吧、戶外活動、參與美食團，甚至組了讀書會，這才發現，不需要有完美的英文，也能交朋友。在那一年短期的訪問，因為積極地認識人、交朋友、主動要求參與課程和討論，帶給我非常大的養分，在那段旅程中認識的朋友和導師，在我後來的學術生涯都扮演了極重要的角色。

給孩子的話：

身為臺東偏鄉子弟，我是大家口中「勤能補拙」的孩子，很認真念書，但從來都無法站在第一名的位置，站在各個場合我總是有一種不如人的卑微感。

但是我的爸媽一直用愛充盈我的心，我知道他們永遠都等著我、接住我。在資訊不發達的年代，我因為成績進入了冷門的科系，但是鑽進去才知道行行出狀元，這個世界要運轉，需要各個領域的專才。只要有夠強的專業，你就不能被取代！這時候學測幾分、大學和研究所念哪裡、家裡有不有錢，真的沒那麼重要！

開箱工作現場：

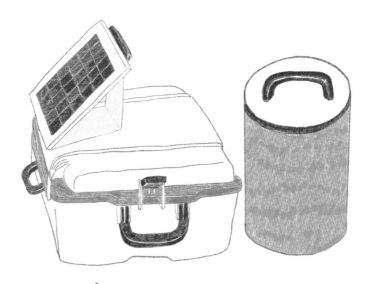

地震儀

是能夠偵測大地震動、探知
地震發生、測繪地震波波
形，並輸出震波圖的儀器。

筆電

分析地震波，撰寫研究報告。

MOMMY

11

有機食品開發老母

何奕佳

你最喜歡吃什麼？

你有想過吃到肚子裡的食物是從哪裡來的嗎？

你吃的是真食物還是假食物呢？

要響應環保，除了使用環保筷、環保袋，

也可以用「吃」來為地球盡一份心力，

因為吃對好食物，對健康對環境都有很大的幫助。

為什麼我們需要有機食品？

什麼是有機食品？簡單說就是物種未經基因改造❷⑥、生產過程不使用傳統農藥、植物的生長完全遵循自然規律的健康食品。

要種出有機作物必須花很多時間和心力，農田必須先休息不能耕種，等待耕地恢復健康狀態，還要確保水源乾淨，同時要考慮時間成本，不然花很多時間種出健康作物，但是價格卻讓消費者買不下手，也無法長久。

對我來說，有機食品是一座橋梁，能夠串聯友善環境的農業和追求健康食物的消費者。所以從事有機食品開發，目的就是提供消費者環保又健康的食物。

什麼是環保又健康的食物？比如說同樣煮雞湯，關在擁擠空間，只需要二十三天就養出的肉雞，和放養❷⑦滿山跑、可以吃蟲，需要養足六個月的放山雞，煮出來的湯風味就會不同。要煮出一道有機的咖哩雞，很早就要開始放蛋，慢慢養雞，最後再煮成料理，這樣才能確保食物的健康。

除了提供健康食物，另一方面我們也會讓農友❷⑧知道市場上需要些什麼。在實踐環境友善理想的同時，提供消費者需要的產品。

之前因為疫情，外送的需求大增，我們就會思考，什麼樣的外帶「盒子」才能方便又減少環境負擔。可以減少包裝，或讓菜的湯汁減少，盡量用一個紙盒就能包好。不論什麼新技術，只要成本❷⑨能負擔，又能友善環境，提供好食物給消費者，我們都很願意投入。

㉖ 基因改造：就是科學家可選擇、分辨並轉移個別基因，可把植物或動物特定的基因引進其他生物品種中，使它們具有我們想要的特性。

㉗ 放養：這是指讓動物在自然環境中生活，而不是關在很小的空間中生活。

媽媽上班的時候

如何開始開發有機食品？

其實年輕時，我並不清楚自己要做什麼，踏入這個行業，主要是對於健康和環境的關心。投入綠色產業之後，我慢慢發現農藥的汙染，農民才是第一線的受害者，因為他們最接近農藥。臺灣的癌症病患越來越多，自己的家人也因為食物的關係，身體不是很好，我越做就越感受到自己的使命感。

我們用心提供環保、無添加物的「真食物」，同時也希望打破大家對有機食品「不好吃」的印象，所以在開發商品的時候，要比一般的食物更好吃，也是我們的研發重點。

我們公司旗下的餐廳「山海樓」是臺菜的高級餐廳，配合臺灣的農業文化與在地食材，在二〇二一年獲得了米其林綠星，這是非常難得的獎項，不只肯定了全體團隊的努力，更讓大家看見我們對於永續和環保的用心。

雖然一開始免不了被質疑，有人認為臺菜就不屬於精緻餐飲（fine dining），但我仍然堅持去努力連結臺灣在地文化、在地農民與商家，一年四季堅持天然的方式走到今天，希望呈現臺菜精緻的面貌，帶大家一同品嘗臺灣農業的故事與精彩。

㉘　農友：從事農業工作的人，他們種植作物和養殖動物。

㉙　成本：做某事所需要付出的金錢、時間，或者其他資源。

㉚　綠色產業：對環境友好不會造成汙染或浪費資源的工業。

給孩子的話：

我常說給小孩子吃好的食物，從小培養他的味蕾，他就知道什麼是有機食物，什麼是真食物，相對的也就不會吃垃圾食品。

這個習慣會跟著他們一輩子，我們就可以期待小孩健健康康的長大。

我相信這個世代是更有理想，更在乎社會的公益與環保議題，如果你對這樣議題的有興趣又喜歡美食，歡迎你加入有機食品的行業，除了會得到愉快的經驗，也會得到自己的認同感。

開箱工作現場:

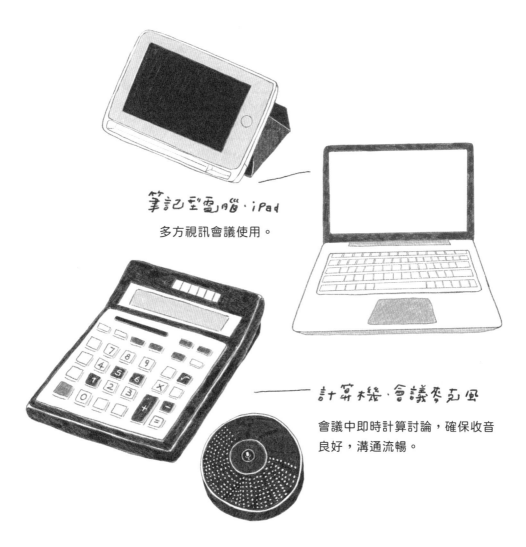

筆記型電腦・iPad
多方視訊會議使用。

計算機・會議麥克風
會議中即時計算討論,確保收音
良好,溝通流暢。

有機食品開發老母

MOMMY

12

攀登老母

李美涼

你喜歡爬山嗎？進到山林中你有什麼感覺呢？

空氣清新，各種鳥叫和蟬鳴，

如果爬得夠高，還能看見雲海。

爬山的過程可以結伴聊天

或聽著只有自己知道的呼吸聲，邊走邊調整節奏，

一旦爬上了山頂，

那一望無際的美景，會讓你覺得沿路的辛苦都值得了。

攀登到底是什麼樣的運動？

　　臺灣到處都是山，看著大家登頂成功的照片好像很簡單，所以很多人沒有登山概念，就盲目上山，這樣可是很危險的。

　　如果你比較少爬山，可以先從簡單的步道開始練習，讓自己的身體、心靈適應整個過程和海拔，慢慢了解自己的身體狀況和體能，不見得第一次就要去嘗試比較難的高山。

　　攀登的過程就和人生的境遇一樣，有高潮低潮、有辛苦和快樂，只是透過登山，我們能在很短的過程中經歷和感受這些強烈的情緒。

　　雖然我登過很多世界險峻的高山，當自己回頭看，我認為並沒有大家想像中那麼可怕，因為那是一個「循序漸進」的過程。我剛開始爬的時候也沒有想那麼多，只是想嘗試。每當登頂一座山就自然更有自信、更有能量去迎接下一個挑戰。所以我覺得每個人都可以嘗試，只要秉持很強烈的意願，都有機會成功。

　　登頂失敗，大概就是登山者的挫折來源。我第一次感受到這麼強烈的挫折感，是去爬北美最高峰的時候。當時我們剩下一天就可以登頂，只差一天，登頂後就可以下山回家，可是我們等了很多天，依然暴風雪，連走出去都不可能。最後當地管理員叫我們趕快下山，因為會有一場更長的暴風雪要來。

　　那一次我強烈的意識到「人不能勝天」，要順其自然；經歷過幾次，心就越來越放得開，開始會去享受山，盡一切的努力完成，但是當自然的狀態跟你說不行的時候，就下山。

攀登費用小知識

- 代言費：這是幫助宣傳某個產品或品牌的費用。
- 帶團費：當一個人負責帶領一群人去旅遊或做某件事時，他們會得到帶團費。通常指的是旅行團的領隊，這邊則是攀登老母帶領團隊去攀登的費用。
- 登山課程教練費： 這是支付給教練的課程費用，因為他們教人們如何安全登山。

媽媽上班的時候

爬山也能當工作？

其實我是到大學才開始爬山，和山的緣分則是高中畢業那年暑假，去梨山採水果打工開始的。當時我看到很多大學生背背包進到山林，然後好幾天才出來。當時年輕的我就覺得好特別喔，好奇他們都在山裡做什麼，所以大學的時候就加入了登山社。

很幸運的，我在社團認識了一位很棒的指導老師，老師對登山的熱愛、豐富的登山經驗，都深深的影響著我。除了學習登山知識跟技能之外，老師也為我開了一扇窗，讓我知道更多可能性的存在；比如有一次他帶我們出國爬山，到國外看到的又是完全不一樣的登山狀態，我就知道自己能做的事情其實很多，不會只局限在臺灣，或只能在臺灣登山。

我是個「喜歡挑戰、樂觀且堅毅」的人，喜歡發掘自己的各種可能性。我比較不會被負面事情影響，也會嘗試把不好的體驗轉換成正面的想法。在堅毅的方面，則是擁有非常高的「忍受度」，因為在整個登山過程中需要忍受各種艱難跟辛苦的挑戰，當然也會遇到無聊的時候，這時就要懂得苦中作樂、用樂觀的心態去享受。

登山看似個人的休閒運動，但登山可以成為一種職業嗎？當然可以。**一件事情只要你做到極致，就會有各種可能**。比如我因為攀登世界各地的最高峰，創了大大小小的記錄，認同這種堅持精神的登山品牌就會來找我代言。

我也是個專業的登山嚮導，除了登山，我還擅長海外遠征、冰雪地技術、攀岩、溯溪，所以我經常帶領海外登山團，每年至少三到四個月不在國內，這些專業都是極其珍貴的經驗，也都是大家願意支付費用請我帶團的原因。

在我懷孕後，還是持續帶領登山訓練活動直到孕期五個月止。當了母親之後，我也常帶著小孩進山林，所以親子登山團又成了我另一項新的工作，**每種專業都可以不斷延伸深度與廣度，就看你投注多少熱情與努力**。

攀登老母

給孩子的話：

我自己在大學才開始接觸登山，找到自己的熱愛之後，人生的軌道就澈底轉變了。

找到自己的天分和熱愛比在學校裡的成績還要重要，人一旦有了熱情就會有動力。

我畢業後學的東西，比在學校學的還要多也還要認真，對事物抱持好奇心，學習就不會是一件容易疲倦的事。

所以千萬不要放棄學習，只要開始了，一切都不算太晚；學習是一輩子的，要為自己而學。

媽媽上班的時候

開箱工作現場：

手機離線地圖APP
山林日記

即使沒訊號，還是可以找路。

太陽眼鏡

山上的紫外線很強，
需要好好保護眼睛。

頭燈

預防意外行程延遲，
摸黑走路用。

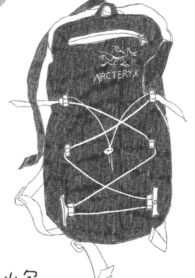

登山鞋

比一般鞋子有更好的包覆性和
支撐性，面對長時間行走和高
低不同的地形時，能更穩定保
護腳踝。

登山包

登山所需都只能靠自己背上山，吃
的、喝的、用的，全部都要好好精簡
的打包進去。

攀登老母

MOMMY

13

照明設計老母

Vera

燈光就像魔術師，

柔和的黃光讓人放鬆，明亮的白光則讓人精神百倍。

如果把空間想像成一位模特兒，

空間設計師就像架設模特兒的骨架，

軟裝設計師㉛就像為模特兒選服裝或造型，

平面設計師就搭配服裝之外的飾品，

而燈光照明設計則是幫模特兒化妝，

這些角色都要互相配合，作品才會出色。

㉛ 軟裝設計師：就是專門幫助人們選擇家裡的裝飾品，如窗簾、沙發和地毯的設計師。

什麼是照明設計？

簡單來說，照明設計師就是幫環境規劃照明的工作，無論室內、室外，安排規劃每個環境需要的燈光，並融入在建築設計或室內設計中。

我們挑選並善加運用市面上琳琅滿目的燈具品牌，為空間營造適當的氛圍。有時候找不到合適的燈具，也會自己設計或改造訂製，利用不同的光源、色溫❸❷、亮度和照射方式，做最後的加分，讓空間有不同的個性與表情。

大部分的客戶都覺得燈光很重要，但不知道該做些什麼，有時候客戶會擔心燈具數量少會不夠亮，其實用最少的燈具，有最恰當的效果，是很重要的。

有時覺得不夠亮，並非燈具不夠，而是照明的位置和安裝的方式不理想，如果把光源調到對的位置，讓空間裡的照明比例平衡後，就能直觀的看到對的燈光了。

之前有一個北京的松美術館的案子，任務是改造整個建築的外觀和環境景觀。我們認為美術館本身應該是低調的，應該讓每一次展覽的作品都能很好的呈現，所以將美術館定義為藝術容器❸❸。室內展出藝術品，室外同時也是一件藝術作品。

設計建築物外牆的時候，選擇了全白與乾淨的牆面，我們稱為「上帝的畫布」，並在周邊種了一百九十九棵松樹圍繞，隨著日光變化，松樹的影子照映在白色建築外牆上，就像上帝的畫作一般。夜晚的照明也延續白天的概念，讓有限的松樹光影投射在建築外牆之上，保留含蓄的詩意。

㉜ 色溫：就是光線的顏色。

㉝ 容器：用來裝東西的物件，可以是任何形狀和大小，目的是存放和攜帶物品。

如何成為燈光照明設計師？

　　我大學主修輔大應用美術系的視覺傳達，感謝這個科系，讓我不但學習視覺、廣告、品牌❸❹、包裝等很多元的設計領域，也在室內設計組接觸了燈光設計。畢業後雖然進入品牌規劃的行業，也因此接觸到各種品牌的空間設計，發現燈光在品牌空間裡很重要，往往也會賦予空間不同的調性，我決定繼續進修照明設計，越學越覺得有意思。我用照明了解空間，用燈光與建築、環境、景觀的設計師們無聲交談，也因此進入了這個產業直到現在。

　　燈光照明設計師需要對各種事物都有興趣，特別是空間裡的材料，各式的燈光照射這些材料後會透過去，還是會反射回來？

　　我常會拿日光和月光跟設計師比喻，因為日光是直射光，但月光不是，月亮不是發光體，月亮是很柔美的反射面❸❺，設計師不能只想著光源，其實反射面很重要，地球在這中間扮演的角色，就是讓月亮有不同表情與不同型態。

　　燈光照明要能夠符合這個空間的功能和原本的調性，同時要時時刻刻記住使用者是誰。如果我設計幼兒園的照明，小孩子對燈光的需求跟老人的需求是不一樣的，如果這是一個瑜伽空間，使用者會需要躺著看天花板，對於照明的需求又有所不同。

　　客戶通常會跟我們說明設計需求，或是他喜歡的東西，但是有時候其實不是真的那樣，只是他印象中的想像。設計師需要有洞察力去聽出背後的意義，而不是字義上的說明，有點像是空間的心理治療師，慢慢讓客戶找到對於空間真正的需求。

---

❸❹　品牌：是產品或公司的名字和風格，透過品牌向顧客展現特有的價值。

❸❺　反射面：可以反射光的表面，就像鏡子一樣。

給孩子的話：

小時候一定都玩過燈光的遊戲，比如在光影下比出狗和老鷹，所以我們與生俱來就有與光玩耍的能力，如果你喜歡細心觀察又充滿想像力，兼具理性跟感性，你會很適合做一名用燈光為空間化妝的照明設計師。

照明設計在建築設計中算是比較冷門的分類，但如果你對空間和建築設計有興趣，也可以考慮走這個方向，燈光設計雖然像是配角，但其實非常重要。燈光照度的計算、燈具的選擇、空間規劃的位置，都需要大膽、詩意的想像力和細心柔軟的設計，才能把空間的材料屬性和層次給照出來。

開箱工作現場：

無線耳機

工作時可以更專注，到工
地上也可以阻絕一些噪音。

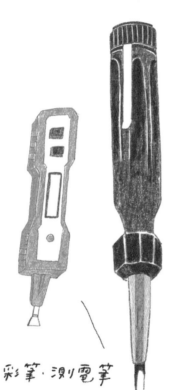

彩筆‧測電筆

設計工作不可或缺的工具。

測光頭

一個體積小、很方便的測光頭，接
上手機就是測光儀，可以測亮度及
光線色溫。

MOMMY

14

月事老母

曾穎凡（凡妮莎）

月事就是月經，是女孩成為女人的第一步。

你知道什麼是月經㊱嗎？

你看過媽媽更換衛生棉或其他生理用品嗎？

女孩面對初經來的時候是慌張驚恐，還是充滿喜悅呢？

男孩不小心遇見女同學的經血外漏，

該尷尬裝作沒看見，還是用自然的態度讓對方覺得溫暖？

㊱ 月經：在青春期開始後，大部分的女生每個月會有至少一顆卵子成熟，月經是子宮內膜的剝落過程，發生於卵子未受精時，為身體準備下一次潛在的受精。

月事老母都在做什麼？

　　我的工作就是推廣月經教育，帶領大家認識月經，而月經教育就是最基本的性教育。推廣月經教育的同時，我也帶大家認識不同的生理用品，重點是教導「層層疊加」的使用概念，並不需要從第一天到第七天都用同一種產品，像吸血褲❸⃝❼、碟片❸⃝❽、月亮杯❸⃝❾……各種用品的更換是可以很彈性的。除了月經教育，我也花了很多時間做性教育，比如說在麥塊（Minecraft）遊戲裡，蓋了一間以女性生殖器為主軸的「大陰博物館」。

　　一個孩子如果不了解自己的身體器官是用來做什麼的、會有哪些自然發生的生理現象，就沒辦法知道怎麼照顧自己和保護別人。但是，我們同時也會告訴孩子，懷有惡意的大人隨時都可能對小孩做出不好的事情，小朋友是沒有能力保護自己的。小孩要學習的是「如何在生活圈中找到可以信任的大人」，讓你不管發生任何事情，都有信任的大人可以陪著你。要記得，如果今天有人對你做了什麼，不是你的問題，而是對方的問題。

　　還有一件事情我覺得很重要，就是要讓孩子們認識到性器官的正確名稱，而不是用「私密處」或是「妹妹」或「弟弟」來代稱，因為如果不幸發生一些性騷擾案件，這在法庭上會無法指認。

　　其實在家庭內的兒童性教育，比學校中學到的性教育要重要太多，家長對這件事情的坦然態度，將會帶給孩子未來在這件事情上的認知，零歲應該就要開始教性教育。從「我要幫你換尿布囉！」或是「你的陰莖今天看起來有點紅腫，媽媽幫你搽藥喔」……如果性教育做得好、願意聊，青春期以前該教的都可以教完，才是開展人際關係和情感關係的基礎。

---

❸⃝❼　吸血褲：是特別設計的內褲，具有多層吸水和防漏布料，用於直接吸收經血。

❸⃝❽　碟片：體內使用的月經用品，能穩固包覆子宮頸並舒適地貼合陰道，有效接收經血。

❸⃝❾　月亮杯：由矽膠或橡膠製成，跟衛生棉和衛生棉條不一樣，其用途是盛裝女生月經時的經血，而非吸收經血。

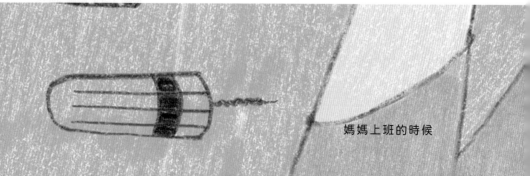

我如何成為一位創業者？

我念教育科技系，一開始並不知道未來到底要做什麼，但是後來所有工作都跟這科系有關，其實就是把傳統的知識轉換成非書本的形式，有點像現在的線上學習，我在二十年前就開始學習剪接和製作影片、繪製簡單的教學動畫……。

會開始推廣衛生棉條㊵，是到美國當交換學生的時候，因為發現棉條太好用，於是瘋狂愛上衛生棉條，之後開始做代購㊶。後來發現要拓展客源，需要有能夠被轉傳或分享的「中文」訊息，於是就開始把國外看到的棉條知識和各種錯誤觀念寫成文章分享，這的確對業績帶來很大幫助，後來就一直持續下去。

創業這件事情也是巧合，因為當時朋友的一句話，我很認真的到國外找廠商，想代理衛生棉條到臺灣販售，後來才知道需要先拿到醫療器材許可證㊷。我從頭研究法規㊸，開始與衛福部交涉，公文往返了大概一兩年，終於拿到第一個塑膠導管棉條的執照。後來因為代理的品牌被其他公司併購，而且他們有自己的臺灣代理商，我才決定自創品牌。

之前看我文章的客人都從少女到當了母親，一路上都很支持我。後來，我也做了一本親子可以一起閱讀的月經立體書，讓孩子知道自己從受精卵變成胚胎後是住在子宮內膜裡面，媽媽的身體有多神奇！朋友曾跟我分享一本書《媽媽，為什麼你那裡有頭髮？》，內容是請國外一百個小學生，用便利貼寫下想要問老師關於性教育的事情，再由專家去回答，讓人覺得性是一件很美好、很健康的事情。我真心覺得臺灣非常需要這種「不是恐嚇」跟「不說教，什麼不要做」的教法，編寫教材的人必須真心相信性教育是美好的，才能好好介紹給小朋友。

㊵ 衛生棉條：女性月經來時置入陰道中的一種圓柱狀吸收經血的衛生用品。

㊶ 代購：指找人幫忙購買自己需要的商品。由於不同產品於各個國家設有不同的規格或售價或是在代為購買所在地國家有其他國家沒有的商品，代購服務應運而生。

㊷ 醫療器材許可證：醫療器材許可證是一種證明，表明產品符合政府法規和標準，經過審核後才能上市銷售。

㊸ 法規：是立法機關制定的正式規則，並實施政策於國家或地方層面。

給孩子的話：

如果未來你想創業，家人一定會阻止你，但其實家人都只是在

考驗你，看你信念夠不夠，會不會半途而廢。

總之，去做就對了，不要只是嘴巴說說，只要一直研究有興趣

的事，你一定會比別人厲害。

　　　　　　　　　　　　　　媽媽上班的時候

開箱工作現場:

月釀碟片

跟月釀杯相比,多了一個在公廁可以不要更換的優點,但因為原因實在太難說明,所以每一次演講的時候花最多時間解釋。

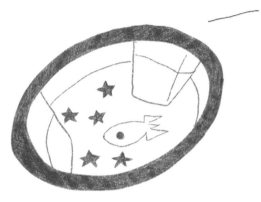

月釀杯

可以重複使用十年,跟衛生棉相比,是環保又便宜的生理用品。

MOMMY

15

立委老母

王婉諭

立法委員簡稱立委,是立法院的主要成員。

立法院是臺灣最高的立法機關,

所以成為立委之後,有機會推動對人民更有保障的法律。

在二〇一四年,我一度辭職成為全職媽媽,

後來因為希望為臺灣做點事,選擇成為政治人物,

為不同族群發聲。

立委都在做什麼？

在參選前，老實說我是一個對社會議題、對政治很冷淡的人，當時我覺得政治離我好遙遠。所以我對於立委的想像是：「有很多自己的時間，可以安排各種行程，但是工作比較複雜，中間也可能存在許多利益糾葛。」

但是從政❹之後，我發現事實和想像的不一樣。因為有著信念，希望政見被落實，進到立法院之後，我花了大半時間在議題的撰寫和推薦上，為了推動議題，有很多時候包括晚上可能都還有交流、拜會❺的活動。不像過去大家對立委忙於跑攤❻，或是大量的民意交陪❼的印象。

雖然這和我原本的想像有差異，也並不輕鬆，但是這不單單只是為民服務而已。很多時候看到我們的努力有了結果，讓臺灣往前進步了一點，這樣的成就感和責任感，對我來說是非常有意義的。

在政壇上遇到挫折是很常見的事情，我覺得臺灣的政治圈普遍對「媽媽」還是存在著質疑。即使在立院表現並不差，也具體為人民爭取到很多切身的法案修正，議題上也有許多項目持續在推進，身為母親仍然會被認為，「就處理好小孩的事情就好了，就做一個好媽媽的角色就好」，無論是在專業、文憑或能力上都備受討論。

不只是我，我想很多過去身為政治素人❸踏入政治圈的人，都會有這樣的標籤。這是臺灣在政治和民主素養上，可以和民眾持續溝通推進的。在過程中，「溫柔和堅定」是我認為很重要的態度，也是我期許能夠展現的部分。

---

❹ 從政：就像是加入學校的學生會一樣。這意味著一個人決定幫助管理我們的城市或國家，他們做決定並創造規則，以幫助大家有更好的生活。

❺ 交流、拜會：政治工作者會見其他政治人物或人民，聽聽他們的想法或告訴他們自己的想法，以便做出更好的決策。

❻ 跑攤：政治工作者有時會去不同的地方，跟人們見面，是要讓民眾看到他們，讓大家更了解他們和他們的想法。

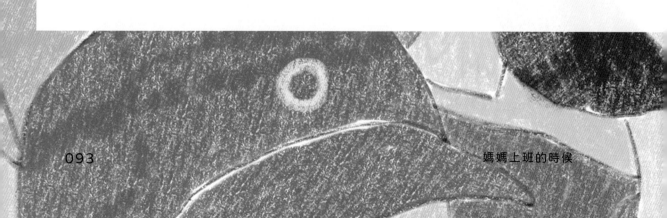

媽媽上班的時候

我如何成為政治工作者？

受到爸爸的影響，我大學念了喜歡的地質科學，地質工作多為學術研究，經常需要離家，但我很明確想生小孩，且想黏在小孩身邊，考量到現實之後，就轉為材料科學。

成為全職媽媽之前，我曾是新竹科學園區的研發工程師，也曾擔任科技業行銷經理。在竹北的科技產業圈多年，一直深愛科技業的工作，那是臺灣非常前瞻的產業，就像站在一艘大船的船頭，和深愛的土地一起航向無垠海洋。

成為立法委員後，很多時候推動的政策或針對時事的評論是絕對無法滿足所有人，這時候就會有一些負面聲音，甚至被質疑忘了從政的初衷。

但是我常告訴自己：「我們很清楚為什麼做這件事，繼續用溫柔又堅定的力量、步伐持續前進。」我相信會有越來越多人能理解和支持。我也發現在臺灣一直將政治工作看成是專業神聖的領域，所以不適合孩子參與了解，但是國外的政治圈，常有議員帶孩子上議會，或是在工作場域上也持續倡議。

在我立法院的辦公室裡，常常會有孩子出現，可能是我的孩子，可能是夥伴的孩子，還有一些是過去我曾陪伴過的其他孩子，又或者是想來了解立法院工作的孩子。之前我看到照片上從懷孕到生產，甚至哺乳都可以在工作場所進行，這部分其實是我很希望能夠慢慢推動的。

我曾經聽過一句話：「幸運的人用童年治癒一生，不幸的人用一生治癒童年。」希望大家也可以跟我一起勇敢努力照亮孩子的童年，讓孩子可以有一個非常幸運的童年。

㊼ 民意交陪：「交陪」在臺語中是「交際往來」之意。這是指政治工作者聽取普通人民的意見和需求。需要了解人民的想法來做出最好的決策。

㊽ 政治素人：指那些從來沒有從事過政治工作的人，但決定參與政治。

給孩子的話：

大家都要選擇所愛，愛你所選擇的，

因為這樣才會對所學或是工作有熱情。

其實生活也就是政治，政治也就是生活，

每個人都會在每天的生活中接觸到政治議題。

媽媽上班的時候

開箱工作現場：

口紅

長時間工作流失的氣色，
就用口紅來補充。

iPad

用 iPad 將所有文件帶著走，
輕便又環保。

筆記本

在數位化的時代，還是習
慣用紙筆來整理思緒。

手機

身兼媽媽、立委、黨主席，手機
讓我即時掌握資訊。

MOMMY

16

獵頭老母

Ruby Lin

你知道什麼是獵頭公司嗎？

這工作其實不像字面上那麼可怕，跟獵人也沒關係。

獵頭公司簡單說就是挖角公司，也就是人事顧問公司，

比如有公司需要某領域的高階人才，

獵頭就會協助找到適合的候選人，

將好的人才從 A 公司挖到 B 公司上班。

獵頭到底都在獵什麼？

　　獵頭公司主要的服務，是透過獵頭（headhunter）㊾協助各大企業找到適合的、優質的工作人選。所以在將你的履歷推薦給企業之前，獵頭通常會先審核、篩選求職者的履歷，確認有哪些地方能夠加強、改進，並尋找適合的徵才企業，才有助於錄取相關職缺。

　　如果運氣不錯，遇到專業的獵頭在幫你媒合工作時，還會協助你洽談更好的薪資（在某些方案中，求職者的薪資會影響獵頭拿到的獎金），或是幫你分析未來職涯規劃，對於不擅長找工作、但專業能力不錯的求職者來說，是不錯的找工作管道。不過獵頭公司幫企業找的人才，需具有一定專業能力或資歷，通常求職者也要有些本領，才有機會透過獵頭找到好工作。

　　其實獵頭是業務工作，入行門檻不高，要喜歡在短時間與人建立起信任關係，所以具備洞察力很重要。這份工作跟一般的業務不同，候選人要上班才算數，結果不是零就是一，可能和候選人溝通很久，但最後他沒去上班，你就前功盡棄了，所以抗壓性要很高。

　　對我來說，這是最完美的工作。能幫客戶找到適合的人，幫求職者找到合適公司，我還能賺錢。

　　但其實找工作跟談戀愛很像，都需要等待也需要緣分。

㊾　獵頭：像是專業的「人才偵探」。他們的工作是幫助公司找到適合的員工，尋找各種行業裡最聰明和最有才能的人。

如何進入獵頭這一行？

從小，我就是學霸型的好學生，聯考後父親不讓我讀我的第一志願——政大廣電，而希望我選擇臺大法律。經過家庭革命、協商，我妥協選了第二志願——臺大財金，但是，在畢業後，我只確認了自己不喜歡金融業。

第一份工作，我進入電子產業做了八年的 PM ⑤（專案經理），之後才誤打誤撞進入獵頭產業。大概是三十二歲時，PM 工作做得很煩，工作性質也沒那麼喜歡，很想要轉職。剛好有一位業界的大前輩，他說他認識兩個還不錯的獵頭，請我跟他們聊聊看，聊一聊之後，覺得獵頭工作滿有趣的，剛好當時公司要進臺灣開設分公司，於是做了人生當中很不一樣的轉換。

在服務過的候選人中，有一個印象很深刻的經驗，幾年前面試過的一個剛從法國回臺的男生，他很喜歡 F1 賽車，夢想是進入車隊工作，他打聽到當時很多 F1 賽車的工作人員都是從某間英國學校畢業的，所以他考上那間學校的碩士後，並參加 F1 賽車的工作人員徵選，但是因為競爭激烈沒有順利錄取。

儘管如此他仍不想放棄夢想，後來他在法國波音公司工作，整整一年的時間就負責顧飛機的門，但仍一直等待機會。

當時他問我：「你覺得我應該繼續留在歐洲追求我的夢想嗎？」

我告訴他臺灣的職場狀況，但對於要不要放棄夢想這件事，真的很難提出建議。

---

⑤ PM：Project Manager，也就是專案經理。做一個專案時，需要有一個人來計畫、組織和確保一切按計畫進行。專案經理就是做這些事情的專家。

給孩子的話：

有一天你也會需要開始找工作，要記得有時候緣分很重要，緣分未到時，不要太急，因為太急，會讓自己的心很慌。

很多人去面試，最後沒有拿到錄取資格會很難過，但其實我們從另一個角度來看，常常很多時候，不是因為你不夠好，而是因為其他未知因素影響了結果。

開箱工作現場:

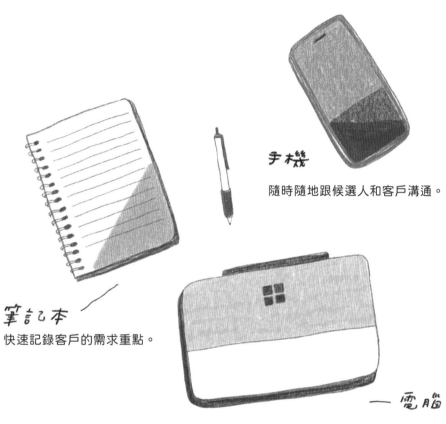

手機
隨時隨地跟候選人和客戶溝通。

筆記本
快速記錄客戶的需求重點。

電腦
候選人的資料整理成資料庫,
以備不時之需。

MOMMY

17

博彩禮賓老母

Nicky

你玩過撲克牌嗎？

這種帶著點運氣和技巧的輸贏遊戲總是讓人著迷。

你能想像這也能發展出不同的職業嗎？

這領域稱為「博彩」或是「博弈」，

什麼樣的人適合在這領域工作呢？有學校傳授相關的知識嗎？

博彩禮賓又是份什麼樣的工作呢？

博彩禮賓都在做什麼？

博彩用英文說是「Casino」。這個詞源自義大利文，原本是指小房子。在鄉間，大都指的是鄉間別墅，人們在那裡聚會，進行各種娛樂活動，其中一種活動就是賭博。但是隨著時間過去，賭博變得越來越受歡迎，所以「Casino」也就漸漸變成了賭博場所的意思。

我的工作是博彩禮賓，主要負責賭城拉斯維加斯的 VIP 貴賓服務，不管是哪個國家來的貴賓，一定會先和我聯絡，讓我安排貴賓所需要的一切，像是：接機、住房、申請信用額度、客人及其家人的各式行程安排等，都必須要一起照顧。

雖然是在博彩產業，但身為禮賓不需要懂所有的遊戲規則，只要熟悉遊戲的名稱，能夠把客人的需求安排妥當就可以了。

在平日工作中，我們需要具備「職業道德」，因為在博彩領域的活動其實是很私人的，客人未必想讓他人知道，所以身為服務者，我們不會和別人說自己服務過哪些貴賓，或是炫耀服務過程中發生的事情。

另外，因為客人來賭場都希望有好手氣能贏錢，所以我們也特別注重帶來「喜氣」、避免「禁忌」，像博弈場所沒有第四層樓或第四十幾層樓，因為華人對於「四」特別禁忌。所以我們所在大樓對外稱有六十三樓，但實際上只有五十三層；在服務客人時要隨時面帶笑容，穿著得體，在過年期間，我們會刻意換上紅色或鮮豔的衣服，讓人一看就充滿喜氣。

媽媽上班的模樣

如何進入博彩禮賓這一行？

我在瑞士念飯店管理，學的是餐飲方面的知識，實習時我也選擇餐飲工作，累積了許多不同知識，像是如何搭配餐具、怎麼挑選合適的酒來搭配餐點，還有怎麼安排客人座位和接待禮儀等。雖然所學和現在的工作沒有直接關聯，但那段經歷卻對我影響很大。客人每天都要吃飯，但我知道客人想要的不只是填飽肚子，他們會期待更豐富的用餐體驗。因為學過餐飲，所以我知道如何向客人介紹菜色，打點他們每天的飲食，滿足不同口味的需求。所以之前在學校學的，最後都變成我的「知識寶庫」，讓我在被挖角(51)到博彩業後和客人產生良好的互動。

進入博彩業後，我服務的都是超級貴賓，幾乎需要二十四小時待命，所以我對電話鈴聲特別敏感，只要電話聲響，不論什麼狀態我都會跳起來接聽，因為滿足貴賓需求是這份工作的責任，只要貴賓對你產生了信任，他以後就會常常回來，甚至把你推薦給其他貴賓。

之前疫情期間大家都關在家，觀光業幾乎沒有生意，但我們業績反而成長。因為很多貴賓會直接包機，帶全家人到美國打疫苗兼旅行。第一劑到第二劑中間需要間隔三到四週，我就負責安排貴賓一家人的每日行程，爸爸玩博彩，媽媽去按摩，小孩去哪兒玩，晚上再幫全家人安排不同的用餐體驗，想辦法讓每個人都覺得賓至如歸。

人生有時候就是這樣，走一走、碰一碰，反而就撞出火花。我在這一行一做就做了快三十年。能在這個領域中待這麼久，有一些特質很重要，像是能主動和客人交流、喜歡交朋友、願意努力了解客人的需求等等。身為禮賓，我們總是站在第一線，需要主動和客人互動，邀請他們參加節目或活動，進而促成各種服務需求。我很喜歡旅遊、交朋友，這使得我很容易與客人打成一片，成為很好的溝通橋梁。

(51) 挖角：就像是在運動隊伍中，一個隊伍嘗試說服另一個隊伍的好球員加入他們。在工作上，這意味著一家公司嘗試聘請另一家公司的優秀員工來工作。

給孩子的話：

把課業照顧好，是作為學生最重要的任務，同時也要多參與學校或課外活動。

「心態」很重要，要懂得怎麼突破自己，掌握自己的優點，認知到自己的缺點時，要想辦法改善。

開箱工作現場：

電腦、電話

不可或缺的工作工具。用於與客戶進行溝通，安排預訂。

MOMMY

18

語言治療老母

林欣怡

你知道人類是如何學會語言的嗎？小朋友就像統計學家，

從出生就開始觀察事物同時出現的機率，推敲兩者間的關係。

他們會聽到「媽媽抱」、「媽媽開」、「媽媽來」，

漸漸發現，「媽媽」是可以獨立與不同動作結合的語言單位。

找出語言單位後，他們會發現，

每次聽到「媽媽」或說到「媽媽」，都有個親切的女人出現，

久而久之，就會理解原來「媽媽」指的就是這個人。

有了這些互動的輸入，才能收集到足夠的資訊，

發展語言和對事物的理解。

語言治療師都在做什麼？

　　語言治療師服務的對象主要分成兩類，一類是小孩，這些孩子多半有一些發育緩慢，爸媽可能發現孩子到了兩、三歲還不太會講話，帶去醫院評估後才發現孩子需要做語言治療。

　　另一類是大人，通常是經歷中風的年長者，可能在發生當下送到醫院後，發現傷到了語言區，變得不會講話，或是東西吞不下去，會不斷的嗆咳。另外，有嗓音問題的病人，也會求助於語言治療師。

　　我接觸到的父母大概都是在孩子一歲半到兩歲時，發現小孩語言發展比同儕慢，就會來檢查，其實在小朋友說出第一個詞彙之前，需要具備很多能力。比如兩三個月大的時候，眼神會去追視眼前的東西，或是尋找聲音來源，這是對外界刺激的基本反應。大概六個月左右，開始會玩自己的聲音，就像是小朋友玩手腳一樣的概念。七個月以上，會出現更多溝通意圖，這時還不會說話，但會學習各種手勢（例如：點頭、搖頭、指東西、拜拜）來表達自己的意思。

　　如果寶寶一歲前都沒有這樣的能力，就可以稍微注意一下，趁著去打預防針跟門診醫師討論，看看是不是需要接受語言治療。兩歲前，孩子的詞彙量還不到五十個的話，爸媽就該主動積極地帶孩子去找醫生檢查。

　　有時候，我們會發現孩子不是單純只是不說話，而是語言前期的技巧還沒培養好，這時候我會先帶他們玩玩具，等建立關係後，再帶著孩子模仿我的動作，可能幾週後再帶他們模仿我的聲音，就這樣逐漸讓他們學會用說話的方式溝通。

如何進入語言治療這一行？

　　我本來想當英文老師，但是考進外文系之後，才發現自己對文學沒什麼興趣，直到大二時接觸了語言學。語言學主要在討論人類怎麼處理語言、怎麼學習語言，我當時覺得這個學科真的很有趣，一直念到了博士班。

　　進入博士班後，才了解學術界有很多關卡。在試圖克服這些關卡時，一度很迷失，也找不出意義，我不想要往後的人生都這樣，所以在生了小孩之後，就決定轉換跑道。當時有位前輩指點，說我有語言學的基礎，又很喜歡小孩子，語言治療師這個職業應該滿適合我，我才開始去了解語言治療師在做什麼，需要知道哪些知識和領域。另外，還可以把我之前學過的東西變成實際的行動，幫助小朋友或者是老人家，對我而言非常有意義。

　　除了專業知識和治療手法外，語言治療師也得很有耐心。每位求助於語言治療師的患者狀況都不同，但基本上，都需要帶領患者反反覆覆的練習，常常一個簡單動作或發聲需要好幾週的練習才能完成。

　　我在復健科工作時，主要負責「語言」跟「吞嚥」這兩部分。看到個案越來越會講話，或是能拔掉鼻胃管並靠嘴巴吃東西，真的是非常有成就感。

　　「語言」跟「吞嚥」真是老天爺給予人類的美好禮物。<u>人類因為有語言，能比其他動物發展出更多文明和科技，也能有更細膩的情感交流；因為能吞嚥，所以能品嘗各式各樣的味道，創造更多體驗和回憶。</u>

　　語言治療師的工作就是把這麼美好的事物，讓一些發展遲緩的小朋友，或者是失去語言或吞嚥能力的大人，能夠重新獲得這份禮物。

語言治療老母

給孩子的話：

各位小朋友，你們能想像，一整天都不能說話或是不能品嘗食物的感覺嗎？一定很痛苦吧！這世界上有許多大人和小孩，因為天生或後天疾病，導致長期無法說話，也無法由口進食。語言治療師就是專門幫助個案發展語言和吞嚥能力的行業，若家中長輩或親友有語言和吞嚥問題，趕快請他們去醫院復健科和耳鼻喉科找語言治療師吧！

開箱工作現場：

滴管、量杯
吞嚥治療時，用來測量病人喝的液體量。

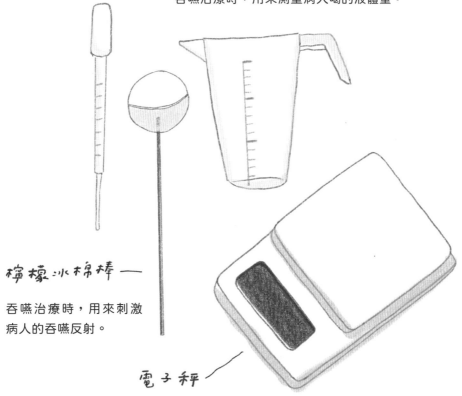

檸檬冰棉棒 ——
吞嚥治療時，用來刺激病人的吞嚥反射。

電子秤 ——
吞嚥治療時，用來測量病人吃的固體量。

MOMMY

19

臺菜老母

王緯茜

我從來沒想過會成為臺菜餐廳的老闆，

為什麼會想在法國推廣臺菜？主要是我自己的信念，

我很期待透過美食，讓法國人更了解臺灣的飲食文化。

在推廣過程中，也曾經遇到很多難題，

因為我真心熱愛，

內心就會有一股動力，想一一解決困難。

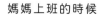

我在巴黎開了一間臺菜餐廳！

我在巴黎的精品時尚代表區「瑪黑區」開了臺菜料理餐廳，每一天，我都試著用記憶中的臺灣料理，填飽客人的胃，溫暖他們的心。

我曾經在法國念 MBA[52]的時候舉辦「臺灣週」活動，之後就發現自己對於推廣臺灣文化這件事特別有熱誠，這也燃起了我內心的小火苗，成了自己的熱情與動力來源。在 MBA 畢業前，我在自己的宿舍裡開起了留學生的小食堂，每天都會有不同國籍的同學到我的房間一起吃飯，品嘗我煮的臺灣家鄉味，不管是哪個國家的人來吃，都非常喜歡。後來有同學建議可以販賣臺灣食物當成副業，我的臺灣廚房也就正式在網路上開張。有一次端午節，我接到了兩百顆肉粽的訂單，我就一個人在宿舍裡將這些肉粽都包完。

這些經驗也讓我對於後來的職涯開始有新的計畫，也就是在巴黎開一家臺灣餐廳。立定好了目標，我就開始勇往直前，但在籌備過程中，遇到許多關於當地法規和簽證的問題，而且也一直找不到適合開店的地點。公婆因為看到我的熱情，認為支持我開店會是好投資，就出資並幫助我尋找店面地點。找到店面後，花了快一年的金錢與時間，將店面改成可以營業的餐廳，也就是現在的「阿姊家 Chez Ajia」。

(51) MBA：「Master of Business Administration」的縮寫，意思是「商業管理碩士」。MBA 是一種學習如何管理和經營公司的學位。

為什麼會想推廣臺灣味？

　　我高中讀第三類組，雖然當時有機會錄取醫學或工程相關學系，但我發現那些並不是自己的志趣所在，最後只在志願卡上填了四所學校，後來也就錄取了交大應用化學系。上大學後，才發現大學與高中的化學課程不僅內容差異很大，學習的方向也跟我所期待的有落差，所以學習之路很辛苦。但在辛苦的學業下，我認識了一輩子的好朋友。

　　大學除了念書，我也參與了許多活動，某次大學就業博覽會有相當知名的「麥肯錫」企業參展，當時我就立下了目標，要成為其中一員。為了達成這個目標，畢業後，我進入科技業當業務，預計有了工作經驗後申請巴黎 MBA，提升進入理想企業工作的機會。

　　從科技業離職後，我順利到巴黎念了 MBA，同時在學校爭取辦了「臺灣週」，為了呈現臺灣的廟會與辦桌文化，還特地從臺灣寄了兩百個鹿港的紅色燈籠，用來營造臺灣味，也布置了許多臺灣的夜市遊戲，像是射飛鏢、套圈圈，甚至想辦法邀請一位跳三太子的臺灣人到現場表演。我自己則是在小小的宿舍房間裡，煮了一百多人的食物。

　　在短短一個半月裡，我和兩位臺灣同學，成功的舉辦了一場融合辦桌與廟會的臺灣文化週盛宴，也因此燃起了想要推廣臺菜的想法。很多人問我，為什麼會做菜，是跟誰學的？其實這一切都要感謝我的童年。小時候，我很常跟爸媽出去吃飯，川菜、湘菜都是我記憶中的味道，加上我媽很會煮飯，讓我累積了很豐富的味覺。

　　高中後，我就開始獨立生活，當我想念這些味道時，就會到處找食譜或看烹飪節目，自己試看看。我的個性是一旦立定目標就拚到底，越煮也就越有成就感，種種因素造就了現在的我。

給孩子的話：

在不同的階段，我覺得都要相信自己可以做到很多事情，

只要願意相信，你就可以做得更好。

有時候我們不知道自己要的是什麼，即使如此，也不要給自己

壓力，有的人終其一生都不知道自己要什麼，但是仍然要努力

的去追尋，不要放棄。

開箱工作現場：

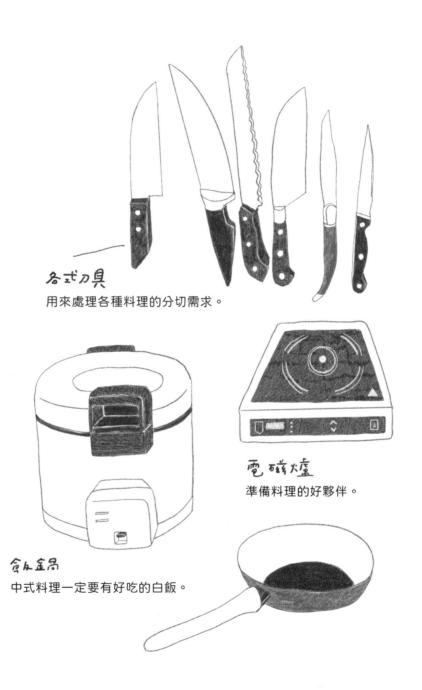

各式刀具
用來處理各種料理的分切需求。

電磁爐
準備料理的好夥伴。

飯鍋
中式料理一定要有好吃的白飯。

MOMMY

20

社工老母

陳靜怡

社工就是社會工作者，

主要提供社會救助服務，支持社會中需要幫助的人。

我們相信他們只是暫時遇到困難，也相信他們能夠再站起來，

社工會不斷透過改變身處困境中的人的行為、態度、動機，

提供機會協助改善，促進他們的潛能發揮。

社工都在做什麼？

　　社工的工作範圍包含了個案工作、家庭工作、團體工作跟社區工作，主要協助他人在所處的環境裡，根據他目前遇到的困難，陪伴他一起面對。在這個過程當中，社工陪伴他們看見在困境裡，自身有什麼優勢能力，可以找到解決的路徑，連結相關的資源，給予協助的機會。

　　成為社工之後，我相信人是有能力去改變的，擔任這份工作必須要學會見怪不怪，可能常常需要面對家庭或個人的黑暗面，但是我不會預設立場，所以對人會有包容。我的意見很多、行動很多，創意也很多，會很積極去連結外在的資源，希望在我的位置影響更多人一同維護兒少的權益。

　　我協助的對象大都是孩子，在工作現場常常感受到，即使有了專業評估，但臺灣的安置資源還是不夠。最常面臨到的就是孩子需要安置，但是床位不足的問題，這深深影響著社工的評估，判斷孩子是不是需要離家安置。

　　在我們的工作信念中，孩子盡可能不要離家，可是當你看到孩子被不當對待，又沒有可安置的床位時，其實是非常痛苦的。臺灣社會還有特殊兒少安置的問題，這樣的安置機構在臺灣也非常少。

我如何成為社工督導？

我念兒福系，一畢業就進入家扶基金會工作，擔任寄養社工。工作沒多久，就遇到小媽媽在醫院生產後遺棄孩子，隨即啟動寄養安置的協助。當時剛畢業的我，到醫院抱著軟綿綿的寶寶去安置的時候，其實心裡有很多感觸。

後來進入兒少保護工作，要陪伴智能有問題的媽媽做人工流產，我到現在都還記得寶寶超音波影像。陪伴結束後，回到車上時，其實有點難過，因為當時的我也懷孕了，同樣的小生命在我身體裡是被期待被祝福的。

當時，我對著肚子裡的孩子說：「這世界上真的就是有一些事情沒辦法有好的結果。」其實我的孩子也陪伴我這一路兒保、社工的生涯。

產假結束後，有天下大雨，我急著去屏東安置一名少年，沒想到在回程時，仍在哺乳的我，突然因乳腺炎發燒。過程中，覺得自己雖然很辛苦，但當天的情緒卻是很開心，因為要安置的孩子好不容易有了可以收留的床位。

當然，也有很多驚心動魄的經驗。民國九十六年開始，臺灣推動關懷高風險的家庭，比較像現在社會安全網所說的「脆弱家庭」。有一次到一棟豪華的大樓，跟家長談論孩子繼續安置的問題。那一天，走進屋內，窗戶全部都被棉被蓋起來，室內非常陰暗。那位爸爸就赤裸著上身跟我們談，幸好陪同的還有一位男性社工。當天，爸爸順利簽了安置書。但沒多久，我們就接到爸爸燒炭過世的訊息。後來才知道，原來他是通緝犯，好像還有槍砲、彈藥的相關問題。

事後回想，要是當下沒有談好，萬一他拿出武器，還真不知道要怎麼脫身。

給孩子的話：

嘿！孩子，你知道你的存在是多麼獨特的美好嗎？

永遠不要停止對這世界的好奇，相信自己，我們都在，你不需

要成為一個完美的人，但一定要記得成為自己喜歡的自己！

如果你也喜歡與人工作，對人充滿興趣，歡迎你也加入專業助

人工作行列！

開箱工作現場：

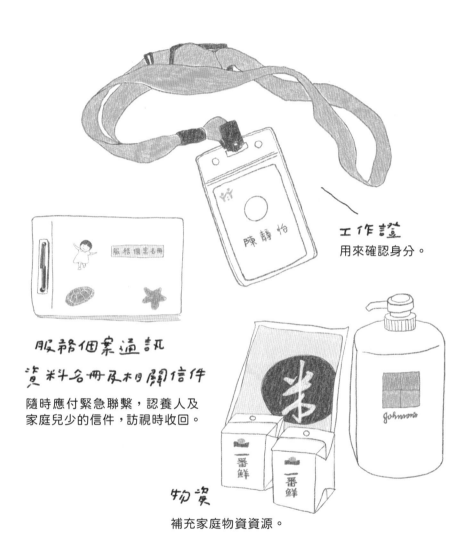

工作證
用來確認身分。

服務個案通訊
資料名冊及相關信件
隨時應付緊急聯繫，認養人及
家庭兒少的信件，訪視時收回。

物資
補充家庭物資資源。

MOMMY

21

設計策展老母

徐景亭

設計策展對我來說，是讓未曾接觸過設計的人

透過展覽觀看的過程，了解設計師在做什麼。

每次策展我都想讓設計的初學者或一般大眾

透過展覽，了解許多有趣的部分，

策展基本上就是將設計脈絡用不同方式呈現出來。

設計策展人都在做什麼？

　　我人生中的第一場展覽是「東海醫院」展，我家是臺中東勢鎮上的「東海醫院」，也是九二一地震嚴重的受災區。這間醫院從我祖父開始經營，傳承給爸爸，和當地人有相當深厚的情感連結。

　　當時家裡就是災區，我只有一個念頭，就是想要把家裡整理好，那時候想得很單純，覺得環境整理好，人就會回來。整理時就發現手術房有很多器具，對別人來說是冰冷的工具，對我而言卻連結了很多小時候的記憶，於是想辦一個展覽，讓大家回到這個小鎮的醫院。

　　辦這場展覽也是我的自我療癒之旅，因為展覽的隔年我就要結婚了，所以對我而言，這是對自己家的交代，也完成對自己童年的交代。

　　有人來看完展後，問我要不要把這個展移到其他地方做延續，這就像漣漪效應一樣，影響我現在策劃的展覽。因為東海醫院就是一個真實的空間，也是一個真實的事件，在這裡面本來就有年代、有感情和溫度，回顧我這幾年做的展覽，我也滿希望是這樣，每個展都有感情和溫度，而不只是漂亮的展覽。

如何成為設計策展人？

　　現在回想起來，小時候在鄉下長大的這段經驗，對我來說滿重要的，去看看山啊，或是去書店窩著。小時候我就覺得自己好像一直在狀況外，一直到國三要面臨升學，才想起小時候的自己很喜歡畫畫，國小四五年級的時候，學畫畫的老師說我坐得住，一畫三個小時都沒起身。後來，我也真的去考了臺北的美術相關學校。

　　以前念美工科的時候，看過一些很有才華、很會畫畫的人，他們真的很適合當藝術家。但是我覺得我不是這樣的人，我需要一些邏輯說服自己，當時我就覺得工業產品設計，需要感性，也需要理性，這個好像比較適合我。所以大學選擇了工業產品設計系就讀，若要認真思考，人生有時候不一定真的選對，也可能只是選擇接受而已。

　　後來人生一路工作、結婚、生孩子，但我還是喜歡創作，還是有一顆不是很安定的心，所以我下班時間都還在持續創作。當時同事會問我，「你做展覽到底要幹麼？」我回答不出來。

　　那段時間算是個人價值摸索的過程，不知道要把自己放在哪裡，雖然覺得自己能力不錯，卻不知道自己的價值在哪裡，直到後來申請到國藝會的補助才認真把第一場展完成。

給孩子的話：

如果你想念設計或是從事策展工作，就要喜歡接觸新的東西、
跟人交流、問問題和找答案，這時對生活的感受力才會強烈。
想法不論好壞，只要動手開始執行都可能變成很棒的作品。
每個人都有自己的特質，在自己的想法裡做到最好，就有機會
成功。

開箱工作現場：

雷射量尺
丈量空間尺寸的工具。

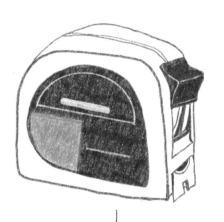

魯班尺
丈量物品或建築空間尺寸的工具。

MOMMY

22

中醫老母

蔡仁妤

你看過中醫嗎？吃過中藥，或嘗試過針灸嗎？

當你第一次看到那長長一根針會感到害怕嗎？

神奇的是，針灸沒什麼感覺，卻能達到治療的效果，

針灸到底要針哪裡？

為什麼有些中醫師除了把脈還要看我們的舌頭呢？

中醫師都在做什麼？

　　我的病患大約可以分為兩種，一種是本來就很注意自我保健，所以身體有些變化就會馬上來就診；另外一種是有狀況之後才來就診，比如希望將身體調整成容易懷孕的體質，治療婦科疾病，改善過敏，或是調理生長發育等，其實這些，中醫都可以協助。

　　在臺灣，合格的中醫師必須經過很嚴格的正統訓練，需要學習中醫的藥物學、西醫的藥理學、大體解剖、生理學等等。在開藥方的時候，必須要很仔細的透過「望、聞、問、切」，收集病患過去的病史，同時了解病情。

　　簡單說，就是透過觀察病人的精神、舌頭與皮膚的狀態、把脈、問診、了解是否有服用其他西醫的藥，綜合以上的評估才能開藥。

　　以前看中醫需要吃水藥，但為了符合現代人的生活型態，生產科學中藥，使用符合重金屬檢驗的藥材，把水藥煮好後，噴在澱粉上變成粉劑，方便攜帶。

　　中醫這兩個字，很多人都會以為是中國的中，但是其實這個中是代表中庸，也就是適中、剛剛好、不多也不少的意思。**古書裡說「致中和」，就是中庸，達到恰到好處與和諧。當我們身體處在剛剛好的狀態，就算外在有些變動或壓力，身體也有能力自己化解掉。**

為何會想成為中醫師？

我考大學那年，剛好是複製羊桃莉誕生的時候，當時新聞將生化科技炒得很熱，我因為桃莉羊而選擇了生化科技。念到研究所以後，才發現自己不喜歡做實驗和研究的反覆驗證，無法在實驗中找到熱情，甚至開始感到乏味；於是決定休學一年，這個決定幾乎引發家庭革命，但也因為我暫停的人生期間，在寵物營養品的公司接觸到獸醫使用的中草藥，才找到人生新的方向，進一步往中醫領域邁進。

小時候，我也有看中醫的習慣，對於喝了湯藥，身體就能痊癒感到神奇，所以中醫對我也是很特別的存在。學士後中醫及學士後西醫的考試，只差了一科中文，雖然我同時考上，但因為期待能有多一些時間陪伴小孩，就聽從了心的方向，選擇了中醫為人生志業。

很多人覺得中醫很玄妙，但是在學習的過程中也是滿困難的，因為要讀的書大部分都是古文，用字跟現代語言非常不同，除此之外也有各種學說，各個學說有相互抵觸也有相同之處，這些讓人困惑或不理解的部分，都要透過臨床才能真正的學習。而且中醫其實是沒有標準答案的，對於同樣的病人，不同醫師也會有各自的解讀方法。

我其中一項專業是「婦科助孕」，以獨特的診察及治療方式，幫助了許多父母成功得子，每當聽到患者有好消息時，就是我行醫最開心的時刻。

中醫還有一項強項在「處理偏差」，也就是「亞健康」的狀況，亞健康代表身體處於健康和疾病之間。中醫可以讓情況不要再惡化，或是不要讓疾病發生，回到正常健康的狀態。好比患者有子宮肌瘤的時候，我們可以用藥讓肌瘤縮小，一方面調整氣血加強骨盆腔或子宮的循環，同時也預防肌瘤的再發生。

中醫老母

給孩子的話：

如果你將來想成為中醫師，我會建議你找到自己的興趣和喜好，把自己的生活過好。因為醫療是單一面向的產業，如果只專注在工作上，容易造成過度的壓力。

面對變動的未來，持續去做你想要做的事情，衝勁和熱情還是比較重要。

開箱工作現場：

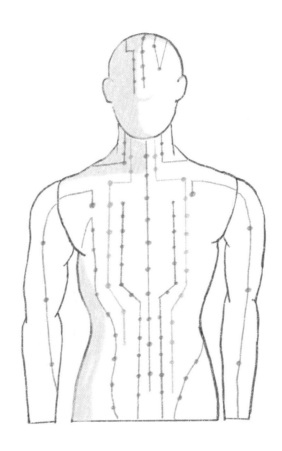

經絡先生

人體穴位模型，用來學習針灸穴位的位置。

MOMMY

23

性教育老母

周雅淳

從你出生到現在，接受過哪些性教育呢？

爸媽會談？老師會教？還是從網路影片學習？

到底什麼樣的性教育才正確呢？

性教育應該是全人教育，

不只是單一器官的認知，應該以整體了解，

但是在臺灣，「性」似乎是難以啟齒的一件事，

大人常常用詞不清楚或是閃躲關鍵字，

甚至帶著錯誤理解和偏見。

性教育該怎麼教？

　　我以單親媽媽的身分「現身」，打破社會對「單親」的刻板印象及偏見，並大量討論性別、母職等議題，曾經引發數次大大小小的社會改革。我也是教育部部定的性別平等教育講師，專長為性、性別、性侵害防治教育，有超過數百場相關教課及演講經驗。和一群在性別和兒童權利等議題努力的朋友，共同成立友善照顧者與孩子的性教育協會「不小盟」（不會教小孩行動聯盟）。

　　我覺得真正的性教育是要讓孩子知道所有的可能性，不管是好的，或是壞的，親子之間也要彼此理解，爸媽可以不用完全同意孩子，但可以告訴他，如果你真的生小孩的話，我沒有辦法幫你養小孩。

　　教導性教育，越早開始越好，比如我幫一兩個月大的小孩洗澡時，就會一邊洗一邊說，這是手臂、屁股……一個個講。有一天，我發現他懂了，就開始說得更複雜，譬如：把手舉起來，教孩子一邊辨識身體部位。

　　當小孩會表達的時候，問他，「我要洗你的頭髮好不好」。這時候考驗就來了，爸媽到底可以多尊重小孩的身體界線呢？因為很多爸媽問都不問，水就硬沖下去，當小孩回答不好的時候，要怎麼處理？大人在上班一天，身心疲累後，要做這些並說服孩子，真的是很耗時，也很難，但其實這些都要練習，如果大人練會了，小孩也就會了。

　　我的小孩最高記錄是十幾天沒洗頭，我都快崩潰了，但我就一直忍耐，然後有天他突然說，想洗頭了，以後就不再這樣了。

　　後來，我發現是因為外面的世界太好玩了，小孩想要趕快結束洗澡這件麻煩事，但是小孩沒辦法把因果關係講得那麼清楚，所以爸媽必須要自己觀察。

如何開始性教育工作？

會開始性教育工作，其實跟自己的經驗有關。我們家是非常虔誠的基督教家庭，當初經來的時候，媽媽叮嚀我絕對不能發生婚前性行為。當我被當時的男友約會性侵之後，我覺得自己永遠都達不成媽媽的要求了。當時沒有發現痛苦，而是一種說不出來的感覺，很多年之後，我才能消化並理解，那個說不出來的痛苦到底是什麼。

性教育工作塑造我成為現在的樣子，一來是我自己很清楚要做什麼，二來是從前過往的創傷帶我進入這領域，因為我有社會學及女性主義的理論背景，可以讓我慢慢復原，然後帶著這樣的視野進入性教育工作，讓我看到這個世界需要改變的方向跟需求。

大部分的人會看學歷，覺得學歷會影響日後的職場表現，會很大程度塑造未來的我們，但我覺得在這工作上，創傷反而成為我的養分。

父母都非常害怕孩子受到傷害，可是，如果沒有受過任何傷害，會不知道痛苦是什麼，也沒辦法理解為什麼有些人就是做不到，或者是爬不起來。只有被傷害過，你才會理解，這個世界不是永遠都那麼順利，不是永遠都會照著你的期待，但有些人一輩子都是創傷，這樣也不行。

讓我下定決心一定要拿到心理師執照的動力，是我去國中帶小團體的孩子。要多次被通報性平事件的受害者，才能夠進入這個團體。那間學校九年級總共有三十六個學生，其中有七個孩子進入小團體，還有那些只被通報一次進不來的。

我覺得就是這些造就了我，讓我知道城鄉差距有多大，慘有多慘，還有孩子們是多麼的不被理解。我們說的獨立自主都不是獨立自主，尊重別人也不是尊重別人。

給孩子的話：

我們會覺得學數學要練習，寫生字要練習，但我們都不會覺得

學會讓腦袋下決定，控制身體做事情也是需要練習的。

比如「你要勇敢說不」，可是小孩對父母——也就是小孩人生中

最大的權威——說不，卻一直沒有成功的話，這練習會成功嗎？

開箱工作現場:

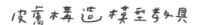

皮膚構造 模型教具

用來了解青春痘怎麼炸出來的。

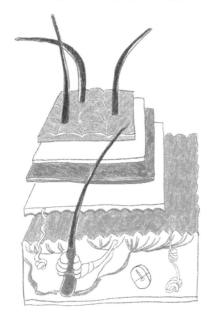

男性生殖系統
模型教具

女性生殖系統
模型教具 ————

視覺化讓知識變得更容易,講半
天不如看實體。

MOMMY

24

心理師老母

雅婷

你曾經心情不好嗎？你心情不好的時候都會怎麼排解呢？

人難免會有負面情緒，

當你感覺到眼前只有一堵一堵牆，找不到出口的時候，

或許可以試著到輔導室找老師聊聊，

或是尋求心理師的協助，和對方討論你為什麼卡住，

什麼事情在你腦中反覆出現，但是不論怎麼想都沒有答案。

心理師都在做什麼？

　　我是一位心理師，也是一位專業的聆聽者，我的工作就像是一個神奇樹洞，你可以放心把心裡的感受告訴我，就像把祕密告訴朋友一樣。

　　和樹洞不同的是，除了聆聽你的感受和困擾，我會回應你、和你對談。有時候，我們可能會覺得很難過，但不知道自己為什麼會有這些感覺，或是覺得自己好像被困住了，找不到解決辦法。這個時候，和別人談談可以幫助我們更了解自己。

　　這樣的對談不是普通的閒聊，而是一種特別的對話。透過對話可以幫助我們看到更多新的可能性，就像打開一扇窗戶，看到不同風景。透過和心理師對話，你可以更清楚地知道，為什麼自己會感到難過或痛苦，是不是內心受到了什麼樣的傷害。透過這樣的過程，你才能逐漸理解自己，同時慢慢找到解決方法，讓自己感覺更好，就像有個朋友在旁邊幫助你一樣。

　　至於什麼時候能找心理師呢？不一定要遇到問題才能找心理師聊聊，當我們感到有問題時就可以去。可能是覺得無法找到解決辦法，或者覺得自己總是被一些不好的評價困擾，甚至是感覺自己被困在一堵牆裡，這時候和心理師交談就會有很大的幫助。

如何成為心理師？

　　小時候，我對於未來工作沒有太多想像，一直都是走一關算一關，也不知道自己的興趣在哪。畢業後憑著能言善道，進入了瑞士的公司成為人資，當時我放在戀愛上的心思比在工作上還多，工作了四年之後，遇到了感情上最大的跌跤。

　　和男友分手後，我在街上晃來晃去，後來走進一家書店，尋求自我療癒的方法。翻到一本以為是講愛情、沒想到是講心理的書，好像突然找到自己的人生光明路，就投入補習班準備考心理諮商。

　　當心理師不一定要大學本科系畢業，也可以大學畢業後再去考心理諮商研究所，念完後經歷一年兼職實習，一年全職實習，之後接受督導甚至被治療。

　　為什麼成為心理師前需要先被治療？因為有時候自己的狀態，可能和個案❸混成一團，導致藉著治療過程滿足自己卻沒有自覺。

　　舉例來說，在治療中個案哭了，通常我們和朋友聊天時，朋友哭，我們就趕快拿衛生紙，或者安慰對方不要哭，當下我們可能會有點尷尬，或不知道怎麼辦，只想趕快讓他止住眼淚。

　　有一回在治療情境當中，我把衛生紙推到個案面前，這本來是很合理的反應，可是在督導的過程當中，我的督導問我說：「他的眼淚讓你害怕了嗎？」、「你做這個動作是為什麼？是為了你自己？還是為了個案？」、「那個混在一起的感覺又是什麼？」

　　我因為對方的眼淚而感到焦慮，而我需要他停止眼淚，來滿足我的安全感嗎？

> ❸　個案：指的是接受諮商服務的個人。常被用來描述諮商過程中的對談者。

給孩子的話：

生活中，我不太會用媽媽的角色來綑綁自己，我希望當一半的媽媽，當一半的自己。相對的，也期待孩子只當一半的孩子，當一半的自己。

如果你是具有善意的人，有時時自我覺察的能力，並且可以檢視自我狀態，那你很適合心理師這個職業，當然有同理心也是很重要。

開箱工作現場：

衛生紙
在談者哭泣時提供支持。

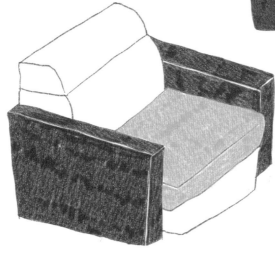

沙發
兩張沙發，一個完整個空間，
一個我。

MOMMY

25

口譯老母

Renee

口譯是一種很有趣的工作，

把一種語言，用另一種語言生動地表達出來，

這樣人們就可以順暢溝通。

據說這種工作是人類歷史上最古老的職業之一，

有時候，我們可能會以為口譯

就是簡單地把一種語言的話翻成另一種語言，

但其實這背後需要很多技巧和訓練，

需要不斷練習，才能翻譯得精準流暢。

口譯員都在做什麼？

　　大家記得唐三藏[54]取經的故事嗎？他就翻譯過佛經，南無阿彌陀佛這六個字組合起來，你會念但不懂到底是什麼意思，這就是所謂的音譯。用中文去拼寫梵文，找出相似的念法，如果想要看得懂，必須要去上課才行。

　　那什麼樣才算好翻譯呢？就是讓中文的讀者在看英文讀本的時候，有跟英文讀者一模一樣的感受。比如在看恐怖小說的時候，他會有恐怖的感覺；在看浪漫小說的時候，也有那種要被融化的感覺，一樣能夠產生粉紅泡泡，這些也是我自己在擔任口譯時，比較重視的部分。

　　口譯主要是在傳遞訊息，但其實溝通裡，本來只有三〇％是靠文字，七〇％是靠其他訊號，包括音調、表情、動作還有停頓。這就是為什麼把一段影片消音，然後單純看字幕，你的感受會比把聲音播出來更少。

　　我做口譯的時候會盡量保留這些訊號，但有一個很不容易拿捏的部分是，口譯員可以傳遞情感和情緒，可是口譯員不能有自己的情感和情緒，唯有這樣，才能真實的傳遞訊息。

　　口譯可以分成同步口譯和逐步口譯，同步口譯就是講者講一句，我們就要翻一句，所以基本上是接近雙聲道，同一時間的翻譯。

　　逐步口譯就是像有時候電視上會有兩個長官在開會，然後口譯員坐在他們中間，等講者講一段或是好幾句之後停下來，逐步口譯再把剛剛那一段翻譯出來。

---

⑤④　唐三藏：原型為唐代高僧玄奘法師，是《西遊記》中的主要人物。

如何成為口譯員?

念小學時,有一天我午睡起來,第一堂課開始,全部的人都在講一種我聽不懂的語言。瞬間我好像掉到異世界,後來才知道原來那是英文。此後我下定決心也要學習異世界的語言。對我來說,迪士尼是非常重要的啟蒙老師,我的英文和音樂都是跟迪士尼學的,印象中我們家常在週六的晚上看美劇❺❺。

到英國愛丁堡念完碩士的同年,我考上師大翻譯所。一年級下學期,我看到外交部在徵口譯員,報考後順利進入外交部工作。我的工作是負責國家元首和五院院長的翻譯服務,這七個人如果有需要翻譯,或是邦交國的元首、行政長官來臺灣,都可以找我們去翻譯。

在翻譯前,幕僚❺❻會寫談話參考資料,包括訪團成員的簡歷。比如說,帶團的人是誰,他關心什麼樣的議題,之前跟臺灣有過哪些聯繫,有的人年輕時來臺灣留學過。通常訪問團討論的內容包羅萬象,比如:臺灣的健保制度,或者是邊境管制等等。基本上,反應要快,當然這也跟口譯的經驗有關,如果常常講這些議題,自然會越來越熟悉,也比較容易去預料到對方可能會對哪些東西特別感興趣。

口譯的過程,很像附身❺❼跟退駕,因為口譯員都用第一人稱說話。舉例來說,我在外交部的第一個最正式場合,是幫當時的行政院長蘇貞昌翻譯,我印象很深刻,臺下黑壓壓的都是人,我用第一人稱講「我和我的太太很榮幸……」,雖然當時我是二十五歲的單身女性,但說起中年夫婦的互動卻毫無違和感。那時大家說我就像是被蘇院長附身了,等到活動結束之後,到了後臺開始喝水吃便當,我說「我好餓」,那是我自己的心聲,大家就說我退駕了。

---

⑤⑤ 美劇:美國的電視及網路劇集,簡稱為「美劇」。

⑤⑥ 幕僚:是幫助組織內部工作的團隊,主要任務是支持和輔助,比如收集資料、解答問題,並幫助組織適應變化。

⑤⑦ 附身:是指人被超自然靈體控制,導致行為異常,常見於各種宗教和民間傳說中。

給孩子的話：

或許很多人會覺得這世界好複雜或是充滿著未知，但因為口譯工作的關係，我可以接觸到非常多聰明的人，他們可能是企業老闆，可能是長期觀察景氣變化的顧問，或者是即將為未來二十年的人類制定政策的專家，在聽他們講話的過程中，我才明白原來我們是可以去理解這個世界的。

科技是觀察問題的解決能力，很多人習慣跟問題共存，但我到高中或大學教創業時發現，其實只要找到生活問題就動手解決，只要找出可以優化的地方那就是機會。

開箱工作現場：

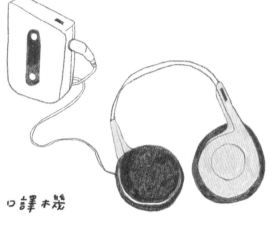

口譯機

現場觀眾就是用這臺機器來
收聽口譯員的譯文。

同步口譯廂

進行同步口譯的時候，口譯員需要在
一個靜音的環境裡專心聽講者的聲
音，而且有一個靜音的環境把口譯員
的譯文送出去，觀眾也能聽得比較清
楚。不過現在越來越多線上口譯的機
會，或許以後小朋友也不容易見到口
譯廂了。

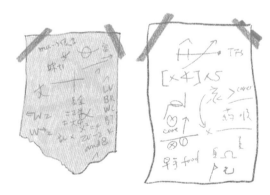

速記本

做逐步口譯的時候，是講者講一段，
譯者翻一段，所以譯者要完整詳實並
且迅速地記下講者說的話。

口譯老母

MOMMY

26

精算老母

珊迪兔

精算到底是什麼工作呀？

和數學有關嗎？精是精明還是精打細算呢？

如果是的話，要怎麼樣才能成為精明或是精打細算的人呢？

還是，其實是「精算師」這職業嗎？

精算到底是什麼？

我的工作是經營自媒體❺⁸，並透過書籍撰寫和 Podcast ❺⁹節目製作，協助大家過好人生。

簡單來說，**精算就是在有限的時間和精力下，盤點「自己所擁有的資源」**，更重要的是，如何去應用這些資源並同時管理好自己的人生，這就是「精算」的精髓。看到這裡，你可能會聯想這工作可能和「錢」或「財富」有關，沒錯，但對於財富的精打細算，重點不只是花費或賺取的數字，更多的是這些數字「背後的意義」。在認知到自己的生活所需之後，要把目標和金錢結合再去努力。因為在追求人生的財富之前，必須先讓自己有「財務安全的能力」。簡單來說「精算」就是使用數學和統計的知識來預測評估風險，幫助我們做出明智的決策。

我們人生都是有限的，我通常會請大家先想一想，自己定義的「財富」是什麼？擁有什麼會讓你過得很開心，或是讓你感覺到很幸福，不是只有社會標準上定義的「財富」，而是心靈很富裕的感受。

精算人生的需求之後，就能反應到未來在理財路上需要注意、學習的知識。雖然剛開始計算、學習時難免會害怕，或是對於自己能否達成目標有所疑慮，但是這卻能使我們更清楚自己應採納的理財方法，避開社會世俗的標準與眼光，進而少走一些冤枉路。只要有正確的觀念，並且努力實踐，一定能「精算人生、避開不必要的風險」，讓自己的人生更有前進的方向，活出更理想的自己。

---

❺⁸ 自媒體：是個人或小團體透過網路平臺，如部落格、社交媒體等，分享資訊或觀點的一種方式。

❺⁹ Podcast：是一種數位廣播節目，事先錄製並上傳到平臺，聽眾可隨時選擇收聽不同主題，類似於聲音版的 YouTube。

如何進入這一行？

從小，我的家庭環境算是優渥，後來因為家人財務遇到困難，我開始反問金錢對我的意義。在經歷天天要求自己巨細靡遺的對帳三年後，我終於領悟到「心靈的自由」不僅來自錢的多寡，而是「合適自己的生活態度」。

我大學念西班牙文系，後來去美國學習人資管理。由於人資的工作需要頻繁的與人溝通，不只要了解企業需求，也要理解員工的需求，這樣的經驗磨練了我的溝通、觀察技巧，透過換位思考，讓團隊往公司所期望的方向前進。

從就讀人力資源管理到進入職場，再成為一位母親，甚至自己創業的這段時間，我都把自己逼到一個絕境，就是每天的帳務都要正確，絕不拖延處理。

我發現想要心靈自由，不是只要有錢就能辦到，我之所以能讓自己處於很舒適的生活狀態，主要是精算自己每一個階段需要的費用，同時確認手上也有夠用的金錢，這樣其實就已經足夠了。

之前在新創公司工作時，我是共同創辦人之一。後來生了小孩，沒辦法在這麼高度壓力的產業繼續衝鋒陷陣，於是我就自己創造一個職業，也算是我給自己的定義。

我是一個「閒不下來的人」，一路上嘗試了許多不同的創業類型。其中在面臨決策、危機時的「處理速度和果斷」都不是馬上就能學會的，而是透過反覆練習和失敗累積而成的能力，這些都是在職涯路上的「失敗養分」。我也始終堅持相信：「即便生命給我們很多挑戰，睡一覺起床依然陽光燦爛。」

精算老母

給孩子的話:

我曾在美國慈濟總會中的人資部門實習,因為我將「經驗學習」擺在首位,而非賺取金錢。擁有足夠的實習經驗,就能提早為自己篩選出合適的行業,在快速試錯後矯正方向,累積真正需要的能力。

開箱工作現場：

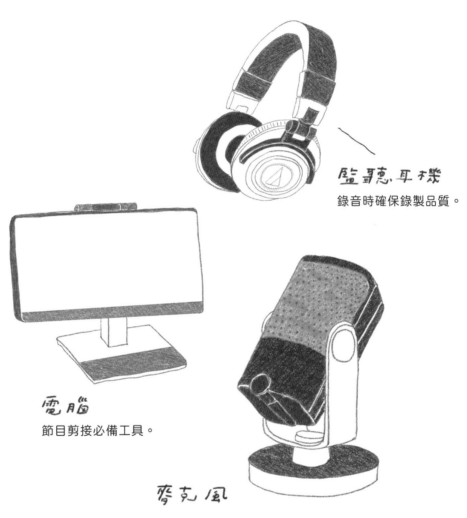

監聽耳機
錄音時確保錄製品質。

電腦
節目剪接必備工具。

麥克風
錄製 Podcast 確保音質穩定。

MOMMY

27

導演老母

陳霈芙

來，跟我一起閉上眼睛聽一段音樂，

你會聽到旋律還是會看到很多畫面？

如果你腦袋裡有很多畫面閃過，

恭喜你，擁有了成為音樂影片導演⑥的第一個天賦。

未來你也會有機會用影像來說故事，

而這也是我現在最喜歡做的事。

---

⑥ 電影導演、影集導演和音樂導演有什麼不同？簡而言之，電影
和影集導演主要是根據劇本和故事來創作，而音樂導演則是以
音樂歌曲作為創意的出發點。

讓我來介紹導演這份工作吧！

導演是決定方向的人，就像船上掌舵的人，身為導演，中心思想是非常重要的，中心思想就是作品最後的方向或目標。

導演不一定是最原始創作的起始點，可能是編劇寫了一個故事，或者是歌手出了一首歌，交到導演的手上後，導演要負責把創意變成影像，和不同專業的人一起工作，並且在每個環節做決定。

需要一起工作的夥伴會包含製片、美術設計、造型設計、妝髮設計、演員、攝影、燈光、音樂、後期製作等等。沒錯，就是這麼多人，實際上可能還更多。

導演要去理解每個人的想法，以及他們為什麼要參與這項工作。而且，需要溝通的語言都不同，就像你和各種同學溝通的方式可能就會不一樣。比如後製人員比較理性思考，你如果希望字體放大，就要講大一○％，不能講「大一點」，每個人的「大一點」都不同，要有明確的指示，雙方才能完成任務。

當然拍片過程中，會有來自其他人的意見想法，各式各樣的新的東西加進來，這時導演要能夠站穩自己的腳步，才能確保這艘船不偏離航道。

我是如何成為導演的？

當我還在念書的時候，有一天一位很厲害的導演在找一個會寫書法的人，剛好我就符合這個條件，到了現場才發現，居然是讓我用油漆寫在又高又寬的牆面上，寫完之後我領了四千元，以當時的物價可以買到八百瓶養樂多。我心想怎麼會有這麼好的工作啊！

我從來沒想過，爸媽要我去上的書法課，竟然會成為我進入拍片圈的鑰匙。因為寫書法踏進這一行，接著做了美術，然後摸著摸著，才知道，我想要做的原來是導演，而且我也順利當上音樂影片導演。

某一年我放下導演的工作決定留在紐約，因為我常常到世界不同地方去旅行，每次旅行我都會幻想，如果現在打仗，我被迫一定要留下來，我會想待在哪個地方，接下來的人生該怎麼走。紐約聚集了全世界最厲害的人，他們選擇在這裡冒險。靠著自己的力量留在紐約，我邊上戲劇課程，邊在日本拉麵店的前臺打工，協助食物刻花、切東西。

當時覺得自己這樣的藝術家真是大材小用，但後來我發現外場的同事都是演員，音樂家在後面洗碗，編劇作家在廚房幫忙，每一位都是了不起的人物，在那挑戰自己，讓我感覺自己的渺小。

當你在競爭激烈的地方，就要有能力在很短的時間內，簡單有力的表現自己。紐約非常講求效率，每個人的時間都很寶貴，在與人共乘電梯的一分鐘內，可能就可以得到一個難得的工作機會。我們文化中的謙虛，在這裡完全不管用，不論是講個笑話，或者翻個筋斗，你要讓對方很快的知道你的才華，隨時都把自己準備好，把握每個機會。

所以，不要小看每一段的學習經驗和累積，從寫書法的工讀生到成為導演，這些小小的經驗可能都會成為改變你人生的大關鍵。

給孩子的話：

其實每個小孩都有想像力，只是大人有沒有打開耳朵聽到或感受到。現在價值觀已經改變了，會吹牛編故事其實也是一項本事。

媽媽上班的時候

開箱工作現場：

手機
隨時記錄靈感，拍攝素材。

BOOMBOX
播放音樂。

分鏡表
作為為拍攝確認。

乖乖餅乾
確保硬體正常。

筆電
用來剪接製作。

MOMMY

28

脫口秀老母

黃小胖

你喜歡聽笑話嗎？

你知道笑話講得好也是一項厲害的職業嗎？

好的脫口秀常常會引來哄堂大笑，但脫口秀可不簡單，

講脫口秀的女性算少數，但女性發聲是很重要的，

在以前，書寫和講故事的工作主要由男性掌握，

但現在時代不同，女性要追求性別平等首先就是要勇於表達。

脫口秀演員都在做什麼？

脫口秀是站上舞臺對觀眾說話的表演，不一定是愛講話的人才適合，因為我私下超級不愛說話，但是講脫口秀必須要有個人魅力，要對周遭的環境有想法，同時要有幽默感，而且要能用不同的觀點看世界。

脫口秀演員在現場能表現得機智幽默毫不費力，都是私下反覆練習的結果，我們要寫逐字稿❻❶，還必須想好各種觀眾的反應，分別該接什麼話，必須熟練到讓觀眾覺得我沒在背稿，你才會覺得我機智。

在喜劇的世界一定會冒犯到別人，因為脫口秀的內容大都是在開別人玩笑，這時候你就要有足夠的智慧判斷，聽眾哪些部分能被冒犯，我稱這叫作幽默感的「市區」與「郊區」。

市區就是別人會很在意或是容易被冒犯的部分，郊區則是不那麼介意的部分，所以講脫口秀，可以瘋狂攻擊別人的郊區，但不要攻擊市區，這就是善良的判斷，而我不太一樣，我不攻擊別人，我攻擊自己，因為我覺得自己就已經夠好笑了。

當然，我也有冷場的時候，冷場不見得是段子❻❷不好笑，而是聽眾不懂這個笑點，無法產生共鳴，即使如此，我也不會因此感到受挫。

在國外，脫口秀是很多元成熟的文化，有各式各樣的表演者和演出方式，所以觀眾的樣貌也很多元，當然也有像我這種媽媽角色的表演者，雖然在臺灣還是非常少數，希望透過我不斷地創作，能為臺灣的脫口秀圈帶來更不一樣的表演風格。

---

❻❶　逐字稿：將訪談、演講或其他口頭表達的內容完整地寫成文字。

❻❷　段子：在脫口秀裡面是指一段短小而幽默的表演片段，目的在於快速娛樂觀眾。

如何進入這一行？

因為我從小就很希望從事表演工作，但是爸媽都希望我考正常的大學，所以，我念了爸媽覺得正常的世新傳播管理系。上大學之後，我開始在話劇社裡鑽研，因為學長姊都很厲害，所以我們很容易進入拍片圈。一開始，我是當造型師，專門化腐朽為神奇，但也因此發現偶像劇的女主角，眼睛都要大到直逼太陽穴，每個都瘦到大腿跟我的手臂一樣粗，才放棄了拍片的夢想。

直到二十八歲時，我真的非常想要表演，於是進入脫口秀選拔。

一進入脫口秀領域，我就發現這環境都是以男性的幽默出發，太缺乏女性的笑話，所以當我開始變好笑後，就希望這世界能多一些女性的觀點，也就成立了全臺唯一純女性喜劇團體「Comedy Girls 好好笑女孩」。

一開始表演脫口秀，同伴都希望我去扮演可愛的，或是他們心中幻想的花瓶角色❻❸，好像女演員沒有其他選擇，要嘛就是醜被笑，要不然就是漂亮被讚揚，這種二元劃分讓我生氣。

因為大部分的創作都來自男性的想法，所以當我成為創作者，我就想讓大家知道除了美醜以外，還有更多可能性。脫口秀就是話語權的世界，所以我希望透過創作與話語權去改變大家對女性的看法。

幽默絕對不是你居高臨下的觀點，而是你觀察人世間，將大家的缺點或弱勢轉換成智慧，用抽離的角度看待世界，重新思考消化過，觀眾才會笑得出來，也才能讓人立刻感同身受而且願意聽下去。所以我希望在脫口秀喜劇圈創造更多元的環境，先從女性開始，耕耘更多性別認同的議題和真正的女性思維。

---

❻❸　花瓶角色：是指劇中只以外表做裝飾，缺乏深度和重要性的角色。

給孩子的話：

如果你想要培養幽默感，就必須先找到自己是誰，勇氣從哪裡來，再來才是想對這世界說什麼，怎麼說才會有條理而且讓人家想聽，最後才是添加趣味性。幽默和說話，都是需要練習的。

開箱工作現場：

麥克風

麥克風一上手，我就能馬上
切換成表演模式。

麥克風架

釋放雙手的最好夥伴。

MOMMY

29

精品網紅老母

香菇愛小香

你知道什麼是網紅嗎？你認識的網紅有哪些？

在以前很難想像網紅會是一份正式的工作，

但現在 YouTuber 透過影片、照片與各種方式記錄

或分享自己的觀點與生活，

所以網紅到底是怎樣的一份工作呢？

精品網紅都在做什麼？

　　我從二○一三年就開始寫部落格文章，文章主要分享自己喜歡的品牌「CHANEL」及「HERMES」的精品知識。當初做這件事情，其實沒有太多目的，也沒有設定一定要做到什麼程度，單純用很舒服的狀態做自己喜歡的事情。

　　我的第一篇文章是分享關於香奈兒經典包款，我把所有尺寸的比例尺都畫出來，讓讀者可以一看就知道這個尺寸比例是怎麼樣的。因為香奈兒是高級的國際品牌，所以我花很多心思，也很仔細小心的研究及篩選分享的內容。

　　精品網紅主要是販售自己的品味與選擇推薦，經營自己的個人品牌。一路上有非常多支持我的網友，但我也曾經被網友在網路上以不實言論攻擊。當時我並未採取法律行動，所以文章永遠都留在網路上，在網路的世界，凡走過必留下痕跡，但我無愧於心，所以才能一路走到現在。

　　隨著生活經歷改變，我開始思考將來的發展，未來可能會和從事電影戲劇相關美術工作的先生，一同往軟裝設計方向發展。希望將自己對精品的眼光和他的設計能力結合成另一項事業。

　　我們剛重新裝潢完我們家，我投入非常多的心力在設計風格及找建材、廠商、裝飾等等，最終的成果在網路上分享後，也得到相當多的回響。

媽媽上班的時候

如何成為精品網紅

　　現在各種類型的網紅都有，但我為什麼會選擇精品這領域呢？我的第一份工作是在公關公司❻❹服務。離職後，因為我同時具備日文與英文能力，所以幸運地成為頂級超市品牌 Dean&Deluca 的臺灣區採購❻❺，也是因為有這個經歷，才踏入多品牌的精品採購。

　　在精品圈當採購，除了時尚敏銳度很重要，對數字也要夠敏感。我覺得自己比較像是品牌經理，除了要跟營業主管溝通，也要協助教育訓練，連開店都要自己來，我甚至還學會了看工程圖和消防系統圖。

　　另外，我花非常多的時間做功課研究各個品牌，比如說許多品牌會有季末折扣，而香奈兒就是少數幾個不會打折的品牌，當時的我就覺得這會是很好的投資，因為這個品牌的商品不會有太大貶值。香奈兒的設計總是走在流行的尖端，我就是被 logo 迷惑住，才會將自己的品牌取名叫「香菇愛小香」。這個名字提醒著我，我一直在做喜歡的事情，同時也讓我可以保持初衷。

　　我做品牌的核心價值就是將心比心，我喜歡用文字跟大家互動，也一直都把所有的人視為是我的網友──就是我網路上的朋友，我從來不敢說別人是我的粉絲。很多人可能沒有真正見過面，但因為網路上的互動，讓我們都變得很熟，我們會聊天，我會記得她們的小孩叫什麼名字，她們在遇到一些個人狀況時，也會跟我像朋友一樣分享。我用心推薦的東西，都能得到很好的反饋。

❻❹　公關公司：就像是幫助品牌和大家做朋友的專家，他們會幫品牌和顧客等重要的人保持好的關係。

❻❺　採購：是指在公司裡面的一個職位，主要負責幫助公司購買所需的物品，工作內容會根據不同公司而有所差異。

給孩子的話：

我現在常想，好多人生的選擇，如果我有聽爸媽的建議，人生可能是完全不同於現在！

有時候，父母說的話及意見，真的要聽進去採納，畢竟人生路上，他們比我們多了那麼多的經驗與歷練。

開箱工作現場:

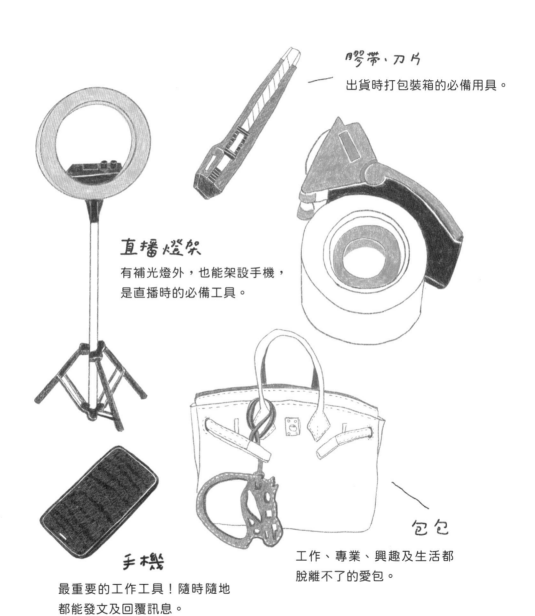

膠帶、刀片
出貨時打包裝箱的必備用具。

直播燈架
有補光燈外,也能架設手機,
是直播時的必備工具。

包包
工作、專業、興趣及生活都
脫離不了的愛包。

手機
最重要的工作工具!隨時隨地
都能發文及回覆訊息。

MOMMY
30
電影美術老母

蔡珮玲

你喜歡看電影嗎？喜歡科幻片、動畫片還是恐怖片？

你喜歡的是電影裡的故事、人物設定，

還是千變萬化的場景呢？

要在短短的一個多小時內說完一個迷人的故事，

讓觀眾瞬間進入劇情，電影美術就非常重要，

因為每個畫面裡的場景、物品、色調或是氣氛，

都要符合電影故事的設定，

才能將劇本文字變成視覺，真實呈現出來。

電影美術都在做什麼？

電影是我的生命，我們一邊寫故事裡的人生，同時也在經歷自己的人生，那些經歷會讓我一直帶著走下去，這也是我熱愛這份工作的原因。我必須要做好電影美術的本分，但絕對不讓自己誇大或超越故事，因為我們都是為故事服務的。電影的主軸就是角色和故事，所以當我讀完劇本後，必須先設定故事裡的世界長什麼樣子，這個故事想傳達的精神，從角色開始研究，讓角色和故事更鮮明易懂。

我會研究當時的歷史，以某個真實存在的人物作為投射，看這個人物當時的裝扮、說過的話、拍過的照片。想像這角色就在我眼前，去立體化這個角色，同樣也立體化了故事，同樣的空間也就變成立體化了。從衣著到任何小小的配飾都很重要，我通常早在電影開拍前就會開始找資料，這才是做每部電影美術最好玩的地方。

結婚前兩天，我接到緊急電話，希望我去救火，於是我大費周章取消了宴客，就為了王家衛導演的《擺渡人》，這部片的每位主角都超級大牌，所以拍攝絕對以演員時間為主。每次找資料，確認細節，畫施工圖，估價，都要在隔天早上八點前完成並準時發包，動用五十個助理同時進行。三天後，蓋出了一條街和街道每間店鋪的陳設，另外三天又得搭另一條街，熬夜昏頭之際，因為美術辦公室裡亂七八糟，我居然累到把老鼠家族的聲音當成了森林鳥叫。

以前電影圈很重男輕女，有不成文的禁忌，就是女生不可以摸器材箱，也不可以坐在上面，更不可以摸攝影器材。不小心犯了禁忌，當天要是拍攝不順利，一切的錯都會怪到你身上。我是全臺灣第三個女性電影美術，拍片圈內以男性居多，鮮少女性工作者為主創，走這行不會有人手下留情。最初常常挨罵，也只能偷偷躲到廁所掉完眼淚再繼續。之後漸漸的和木工師傅有了默契，一次又一次，建立了屬於自己和夥伴的革命情感。

如何成為電影美術的一員？

　　學生時期，我就很愛畫畫，也不知道未來要做什麼。畢業後先做了室內設計，又做了電腦動畫，但後來公司倒了，看到報紙廣告徵 CF（廣告製作公司）美術，我連 CF 都不知道是什麼，就一頭栽入直到現在。

　　我的第一支廣告是跟張叔平合作，那年他得了金馬獎最佳美術，我才發現電影才是說故事，廣告拍得再感動，也只是在賣商品。之後我就被神祕又充滿情感的電影吸引了。我入行的第一支廣告，正好遇上導演關錦鵬和美術張叔平，在剪輯的時候，電視轉播張叔平上臺拿金馬獎。我看著眼前有深厚革命情感的人，激動並且感動不已的模樣，印象太深刻了，此後多年我都一直想走入電影，卻一直找不到入口，我渴望能有這些故事和我的生命交織在一起的經歷，希望能夠留下一些永遠的記憶。

　　我一直很想拍電影，雖然廣告跟電影很接近，但當時要跨領域非常困難，我的第一部電影作品《花吃了那個女孩》，是跟合作了十幾年的陳宏一導演一起完成。因為我沒有跟過任何美術師傅，我就自己寫了每個角色的傳記跟導演分享，用想像可行的方式拚命去做。

　　和每個導演的互動都是非常不一樣的經驗，就像在學校也會遇到不同個性的老師。有時候，攝影師也會從他的角度告訴我們想要拍出的感覺，一旦達到共識，就各自做各自的工作。我會堅持美學的部分，但不會超過故事本身，因為我們都是在服務故事。做了這麼久，我從來都沒有倦怠期，因為我永遠都不會遇到重複的故事。

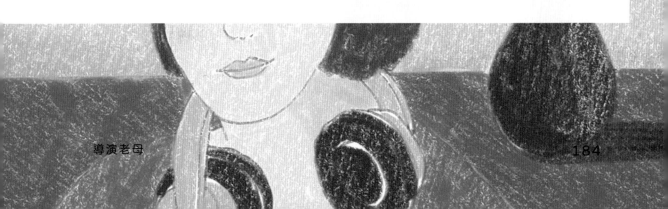

導演老母　　　　　　　　　　　　　　　　　　　　　　　　　　　　184

給孩子的話：

想進入廣告或是電影圈做美術設計，中間會很辛苦，絕對不是努力了一點點就可以得到聚光燈下的成功。

其實這過程就像過山洞一樣，你在漆黑的路線裡不知道前方還有多遠，到底有沒有光亮，但你一定得經過這些，才能得到那樣的果實。

開箱工作現場:

iPad

畫氣氛圖及隨身簡易
作圖,嫌電腦太重時
可代替。

拍到或住到不乾淨的
場所必備(經常)

鼠尾草、祕神魯聖木、雪松、除
障精油等等。

測距儀、捲尺

勘景丈量尺寸用,量完回家作圖。

筆記本

讀劇本記錄、開會,或丈量
尺寸筆記用。

筆電

畫施工圖、開會資料、
作圖用。

科技理工老母的真心話

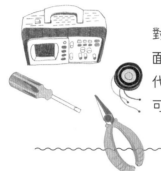

洪文玲

當媽媽之前，我一直相信學校教我的理念——「凡事都會因為時間前進而產生進度」。但成為母親之後，發現那個想法太天真，因為帶小孩的過程會有太多狀況，無法像工程一樣，總可以規劃或選擇一個方案，於是我開始尋求其他的支持力量。

作為以前的小孩，希望我們都能記得自己小時候對於世界的好奇；作為未來的老人，我們希望孩子們面對的是一個全新的世界，我們可以一起來為這些世代守護和創造安全和平的空間，讓他們的世界與社會可以自然順利的轉變。

AR 老母的真心話

白璧珍

當媽媽對我來說是很神奇的經驗，像是賦予自己一個更大的力量去推動一些事情。第一次當媽媽總是很辛苦，經歷了那段辛苦之後，剛好碰到 AR 技術，因此我在小孩兩歲時創業，有了這段辛苦的經歷，鼓勵我更勇敢去接受挑戰，因為知道自己做得到，做很多事也不是只為了自己。創業帶來的啟發讓我感受到，其實困難、挫折常常會發生，但把目標拉長，會發現路上出現的小阻礙都很平常，理解這點之後，就會慢慢放下這些短暫的困擾，將眼光放在比較大的未來目標。兒子通常是我商品開發的第一個體驗者，他常刺激我許多靈感，也讓我看見使用者可能會有的感受。

所以我們就像夥伴一樣，是互相學習的關係。

no.3

謝欣芷

親子音樂製作人老母的真心話

　　我一直認為唱歌是最好的音樂啟蒙教育。成為媽媽之後，我常會回過頭看自己小時候不快樂的模樣。我會想做兒童音樂，主要也是希望讓孩子在音樂啟蒙階段，能夠真正享受音樂，「讓學音樂變成一件快樂的事」，是我一直在努力的方向。

　　臺灣的兒童音樂大都停留在我小時候聽的音樂，思考後決定嘗試結合我的音樂教育背景，與身邊朋友的音樂製作專長，也就開始了我的親子音樂專輯製作之路。創作之前，我都會問自己「我希望我的小孩能夠聽到什麼樣的音樂」，從今以後，我也會帶著這樣的使命繼續前進。

no.4

朱崇惠

太空老母的真心話

　　我有兩個孩子，分別是在「福衛一號」和「福衛二號」時出生的。剛成為父母時，我和先生都還年輕，也沒有特別的教養想法，最常帶著小孩去圖書館，讓他們借自己想看的書。我是媽媽，負責張羅飲食，如果小孩看書有疑問，都去問爸爸。相對的，我心中對他們就感覺有點虧欠。

　　我們沒有特別帶孩子了解太空領域，哥哥從小對理工有興趣，自己會看一些天文相關書籍，但不愛看文學的書；妹妹就相反，對太空一竅不通，聽說她考大學的題目有一題跟衛星速度相關，因為她覺得跟太空相關的題目一定很難，所以馬上就放棄這題。

no.5

溫怡玲

AI 老母的真心話

　　我曾經因為生養小孩中斷八年職涯，但這八年中持續接案，沒有停止做自己喜歡做的事，因為我很清楚知道未來還是會回到職場。

　　對我來說，在家帶孩子的那八年，也是我的工作，所以獲得的成就感是一樣的。特別是我家有一男一女，看著他們成長時充滿了不同的可能性，於是當我再次回到媒體業，會比較勇敢的去定義自己不只是媒體工作者，而是個知識工作者。

no.6

運動經紀行銷老母的真心話

李思妍

　　以前辦活動，我幾乎是沒日沒夜，連假日都在工作。但成為母親之後，我就不再接大型活動，而是轉型做經紀人，讓時間更有彈性。雖然我內心還是嚮往大型賽事的舉辦，但為了階段性需求，現在的方式比較適合我。

　　以前我是控制狂，辦活動都要按照計畫進行，但現在發現，小孩的很多事是我無法控制的，我就會放手，沒有一定要怎麼樣。之前的我比較剛硬，現在的我變得比較有彈性。在我看來，不論當媽媽或當創業者都要維持好心情，為了不把工作情緒帶到小孩身上，也不把帶小孩的心情帶到工作上，我會用很多方式來輔助自己調整情緒。

no.7

Peggy

數據科學老母的真心話

「陪伴孩子成長」是我目前人生中很重要的事，我也一直在找尋能繼續陪伴孩子成長的工作，新冠疫情促使網路教學的普及，我開始了線上「小小數據科學家」的課程教學。用遊戲的玩法讓孩子了解數據科學，不是從公式跟定義切入教學，而是從操作玩樂裡邊玩邊學。

好奇心是進入數據科學的金鑰，學會反問問題，就能讓孩子養成自我思辨的能力。日常生活中，我很常問小孩問題，媽媽要充滿好奇心，遇到事情可以用問問題的方式反問孩子，激發小孩的好奇心，讓孩子自己去思考，很多時候，小孩也會帶給大人很多很棒的想法。

no.8

黃向文

海保署老母的真心話

海洋相關部門通常以陽剛的男性為主導，作為第一位海保署的女性署長，我在工作中會表現得比較柔和。遇到困難和反對時，需要非常有耐心，有時候要進兩步退一步，但最終還是能夠前進，我們需要成為堅定又溫柔的力量。女性通常具有母性關懷和對環境與後代的關心，這種特性也能夠更有效地推廣海洋保育知識。

海洋保育需要大家共同努力，比如減少使用塑膠袋和一次性用品，減少對海洋生態的傷害，才能夠保育海洋，讓海洋成為我們共同的財富。

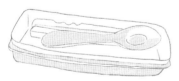

除了工作之外，幕後直擊

no.9

陳映潔

胚胎師老母的真心話

身為胚胎師，每天看到絡繹不絕的求診夫妻時，我就會回想起當年為了生小孩心力交瘁的自己，同時也會提醒自己，不要忘記想幫助這些爸媽的初衷，希望他們也都能享受天倫之樂，未來能夠回首這段辛苦卻甜蜜的過程。

每個生命都不容易，當我照顧完胚胎回家看到女兒時，都覺得特別幸福，很謝謝她們可以來這個家，豐富我們的人生。雖然假日常因為照顧胚胎要上班，但孩子知道我是去幫忙有需要的人後，就更有同理心，同時也能認同胚胎師這份工作。

no.10

陳卉瑄

地震老母的真心話

國高中時，我們會對小孩說：「你好好念書就好」，因為學科能力決定了你進入什麼大學。但是上大學，重要的是能力的培養，我們會問學生：「你能獨立解決問題嗎？」而進入職場後，更重要的本事則是「建立人脈」，若要和他人競爭、帶著你的企圖心做大事，只靠單打獨鬥是很難成功的，這時候大學、研究所階段所建立的革命情感和經驗，就更加重要了。

當了媽媽以後，我發現女性在職場上和男性有著不一樣的掙扎。身為媽媽，我們會想照顧好每個細節和他人的想法，以一樣的態度用在職場上，是很折磨人的，因為所有艱難的決定都注定無法「讓人人買單」。所以「打團體戰」格外重要，若能提早擁有團隊意識，藉由團體的力量一起迎戰，要達成目標和共識時才能省力些！

有機食品開發老母的真心話

no.11

何奕佳

在有小孩以後，我發現自己對產品、市場更有同理心了，我也會把一些思考帶入親子關係和工作上。作為母親，會希望小孩吃得安全；作為妻子和職業婦女，我會希望商品能為同樣忙碌的客人帶來便利性，因此對市場更有同理心，並同時兼顧自己所重視的環保。

漸漸地，孩子也從我的工作中獲得一些影響，無論是價值觀或是行為上都有。現在兒子國中了，常常和我分享未來一定要做有意義、有價值的事情。

攀登老母的真心話

no.12

李美涼

有小孩之前，登山是我生命中最重要的事。當我有小孩後，就算我人在山裡，小孩對我來說才是最重要的，登山的重要性已經從第一順位變成了第二順位。

成為母親之後，我登山的速度變慢了、好奇心變多了。我會帶著孩子去爬山，跟著他們低頭看東看西，我突然有了更多時間注意山裡的小事物、小昆蟲或者是植物，也開始更重視整個爬山過程。漸漸的想要了解的東西變多了，更因為帶小孩爬山的關係開始舉辦一些「親子登山活動」，在我的工作中加入不同的元素。

照明設計老母的真心話

no.13

Vera

　　我有個女生朋友結婚生孩子後也選擇繼續上班，在孩子、父母、事業等各種責任中輪流轉。她說，「不覺得我們很像馬戲團表演丟沙包的雜技演員嗎？沙包就是我們的牽掛與責任，隨著年紀漸長一開始丟兩顆，然後再加一顆變三顆，再加一顆變四顆，其實只要整理出節奏跟順序，不論六顆或八顆沙包，都可以掌握得很好。」我很感激我的父母，他們沒有為了我真的放棄了什麼，唯有保持自己的完整性，才不會覺得某部分委屈。母親跟孩子之間不是給予，更像是一段旅程的互相陪伴，互相學習。

月事老母的真心話

no.14

曾穎凡（凡妮莎）

　　成為母親之後我對於性教育的議題變得更激進，進而成立非營利組織「不會教小孩行動聯盟（不小盟）」，當了媽媽之後覺得小朋友的個體權益及性平教育好重要，我們要把小朋友當成最重要的事。尤其是現代的父母其實跟我一樣，在二〇〇四年性別平等教育法開始之際，都已經離開校園，也就是說，我們真的是不知道怎麼教小孩的那一群。性別、性平、性教育、性侵害防治，我們家長都沒有專業的素養，那該怎麼辦？

　　還有，從小父母就說「你再說不要我就揍你」，大家都習慣了把吃苦當吃補。才沒有這回事，吃苦才不是吃補，吃苦就只是吃苦而已。

no.15

王婉諭

立委老母的真心話

以「全職媽媽」的身分轉換到「立委」，讓我看見臺灣比較關注政治的群體似乎還是偏男性為主，我認為這是一個轉機。像是我們這樣從「全職媽媽」的角色進入到政壇，關心的對象大部分是比較弱勢或者孩子、女性的問題，這相對於其他民意代表來說是比較不一樣的。

整個臺灣社會對於全職媽媽，還是比較用貶低的方式看待。事實上母親的角色、家庭主婦的角色非常重要，所以我非常支持「家務有給制」。也希望雙方都在有薪的情況下，能在工作之餘共同兼顧家務事，而不是一方賺錢，另一方就全部負責勞動工作或是在家幫忙。

---

no.16

Ruby Lin

獵頭老母的真心話

很多人會把獵頭這個行業想得很簡單，好像只要吃飯喝咖啡，打電話聊聊天，就可以收錢啦，像我的孩子就這樣認為，覺得媽媽不就是靠一張嘴吃飯嗎。

但其實並不是，我們事前需要做很多準備，需要充分了解產業和各個專業，才能知道要去哪裡找到客戶要的人才。我很喜歡我的工作，因為我覺得世界上沒有一個工作這麼好，讓我可以幫助求職者找到他們心中最想要或是最適合工作，然後又可以幫公司找到想要的員工，同時又讓自己賺到錢。

我也真心相信行行出狀元，孩子長大想要當甜點師傅，或是種花種草都很好，只要有興趣就行。父母的責任就是陪伴孩子長大，讓他們自己去思考什麼是有興趣的東西。

no.17

Nicky

博彩禮賓老母的真心話

我做的是博彩業，我從來不避諱讓孩子知道有這樣的世界存在，在增廣見聞之餘，也藉此「機會教育」。讓他們了解博彩是成年人在經濟能力許可下的娛樂，而非一般消費，或賺大錢、把家當都賭掉的地方。

博彩禮賓這份工作很需要「機動性」、「韌性」和「彈性」，就算休假，只要接到客人電話，還是要馬上跟著客人的行程走，使命必達的滿足他們的需求。在生活中，我也希望趕快把事情處理好，有時候反而造成家人的壓力。人生如戲，在家裡，我們是家長，但是當我到職場上，就要變成工作上的角色。輪到你上場的時候，就要全心投入在你當下扮演的角色。

no.18

林欣怡

語言治療老母的真心話

我生老大的時候，還在念博士班，當時還沒有成為語言治療師，到生了老二之後才成為語言治療師。這時候我更清楚明白，之前我做對了什麼，哪些事情可以更確實執行。

若爸爸媽媽希望小孩的語言發展正常，每天和孩子的互動真的非常重要，特別是對於一歲前的小孩來說。這時候孩子就像海綿一樣瘋狂的吸收，只是還不會表達，但是這些全部都會收在記憶體裡，直到語言爆發期把開關打開。

舉例來說，親子共讀是我跟孩子每日的開心時光。和孩子一起看書中的圖片，討論故事情節，不僅能增進孩子的語言能力，更能提升親子關係。

臺菜老母的真心話

王緯茜

我曾經在懷孕期間，因為員工離職的問題，自己在廚房掌廚，一天工作長達十二小時，甚至到了懷孕八九個月的時候，還是站在廚房料理臺前，不斷地備料與準備餐點。

孩子出生後，我採取的教養方式則是屬於輕鬆派，因為餐廳工作忙碌，也不強求自己要定時餵母乳，常常與孩子輕鬆的對話，讓自己與孩子的關係也能夠在緊繃的工作與生活中自在的發展。我覺得當母親與孩子相處的時刻是放鬆的，孩子也會成為一個輕鬆自在的人。

no. 19

社工老母的真心話

陳靜怡

早期我剛加入兒少工作的時候，還沒有成為母親，所以立場會比較偏向孩子，但在當了母親之後，反而能理解其實當家長有很多困難，或許這個家長的困境沒有被看見、被好好對待或是協助，當我理解之後，也會願意接受他們的樣子，他們就會覺得被同理。

我也想對父母說，面對每天生活中的壓力與逆境，別忘了要記得愛自己！世上沒有一百分的父母，全心陪伴就是給孩子的支持，用生命影響生命是我們的責任，每天為親子關係存入幸福，讓孩子擁有一本愛的存摺，讓孩子長出自信和力量。相對的，在對待孩子上，我覺得只要是我能做到的，我都願意傾聽。或許處理事情、解決事情或做事情的方法不只有一個方向，我願意撐開一個範圍，讓孩子感受到這個大人願意傾聽。

no. 20

no.21

徐景亭

設計策展老母的真心話

我覺得小孩給我滿多勇氣，他一學會走路就往前衝，也不管路是平或是不平，會不會受傷。這對我而言是很大的鼓舞，我反問自己，為什麼要怕東怕西，覺得自己應該要像小時候一樣義無反顧。

在小孩兩歲時，我接觸到一場國際工作營，工作結束之後，我跟先生說明年想出國。當時兩歲的孩子，你問他什麼他都說好，他那一聲「好」就像在鼓勵我，所以我就毅然決然的出國念書。

因為有小孩，也會讓我感受到時間的壓縮，在有限的時間內，會想趕快去完成應該要做的事。我也覺得對孩子除了一味的鼓勵外，也要給予不同刺激和目標設定，讓孩子思考怎麼進步。

no.22

蔡仁妤

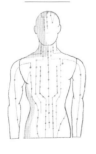

中醫老母的真心話

懷第一胎的時候，我同時準備實習，生產後連月子都沒有坐足，就回去上班繼續實習，還要一邊準備國考。三重壓力之下，我就發現自己有產後憂鬱，早上起床都很想哭，情緒非常低落，但因為自己是醫療人員，所以馬上開始自我調整，有意識地外出散心，不要把全部重心放在孩子身上。

有了孩子之後，育兒和行醫工作間需要取得平衡。因為看診時間都是一般人下班後或是週六，時間很緊繃，跟小朋友相處的時間不太夠，其實我也一直在調適其中的掙扎和兩難。

性教育老母的真心話

周雅淳

我的孩子從小到大都跟著我去工作，所以他會聽到我的各種演講，以及不同階段教授的性知識，他知道媽媽是開放而且可以溝通。

有一次，有爸媽分享發現小孩交男女朋友時的崩潰。孩子聽完問我，「如果我交男朋友或女朋友的話，你都不會反對是嗎？」我說：「你可以跟我討論一下，如果對方比你大二三十歲而且販毒的話，可能就需要好好聊一下。」

這對父母其實是很困難的，左手要把右手壓住，然後假裝自己後面有根尾巴，有個人把你的尾巴往後拉，在我內心其實常常出現這個畫面。

心理師老母的真心話

雅婷

當母親之前，我比較難跟個案產生連結，但成為母親之後，我更有包容力、連結與耐心。不論個案年紀大小，對我來說，都只是個受傷的孩子。

對於來諮商的孩子，我們有點平等，通常我會先跟孩子釐清諮商的目的和需求，他們不需要去討好我，而是了解了才配合，我希望他們能信任並尊重自己的感覺。

如果有自傷的情況，我會先了解是在什麼情況下自傷，是不是一定要這麼痛才能達到效果？我通常不會說教或是以阻止的方式介入，而是表示理解，讓他知道有人了解他的痛，以更深的理解幫孩子找到替代方法，因為有時候父母過大的反應，反而會成為變相的鼓舞。

no.25

Renee

口譯老母的真心話

我覺得我比較難相處，所以決定單身成家。口譯員這份工作帶給我的影響很大，在做口譯時我是第一人稱，才能讓自己完全進入到這些角色裡。讓我對未來感到非常樂觀，我覺得未來大有可為，每個人都可以把握觀察到的一些契機，開創出不同的路。

我很珍惜小孩的好奇心，也期待孩子去學著獨立的學習，我希望他不管接受哪一種教育，不論是學校教育、實驗教育或自學，都不要被學校扼殺了。如果孩子問我為什麼天空會下雨，我不希望有人給他百分之百的答案，我會帶他去天文館看一看，因為我期待他不只能觀察問題，還要有理解問題與解決問題的能力。

no.26

珊迪兔

精算老母的真心話

身為母親在照顧孩子時，常為了因應突發狀況而產生高效率、高耐心與高抗壓性。那些能力帶回職場後都成了自己更好的幫手，不僅處理危機時比以往鎮定，溝通協調的能力更是進步了。那種照顧孩子的一心一意、打從心底出發的態度，使我在職場上更如魚得水，更有種進化的感受。

我期許自己的孩子擁有開放的胸襟去面對世界、不被框架限制，能自由自在的馳騁於想像力的風中。平常我透過與小孩溝通，從日常的小事中引導他發現問題並試著解決問題。我也將理財觀念傳達給孩子，從簡單的概念教起，例如儲蓄和複利。對於家有青少年的家長，基礎觀念的培養是往後教他們投資理財的種子，同時也能建立好的金錢價值觀，不要偏誤了本質。

導演老母的真心話

no.27

陳霈芙

　　我特別喜歡導演工作的原因是因為要接觸很多不同的人，我非常享受要去廣告公司開會時穿得時尚好看，然後一轉頭去片場，看到認識很久的師傅一起聊天喝飲料，大家趕著拍片要餓肚子就跟著一起餓肚子，回家又馬上變成一個好媽媽好女兒，一天之內要切換很多角色的反差狀態相當吸引我。

　　成為母親後，我最喜歡看女兒吹牛，或是睜著眼睛說瞎話。每當這時候，我的內心就會有個聲音說，我小時候其實也是這樣。吹牛可能只是想編故事，這也是一項本事。和女兒的互動都會提醒我，我曾經也是小孩，這些從孩子身上看到的人性最原始的展現，也深深影響了我現在的創作。

脫口秀老母的真心話

no.28

黃小胖

　　我在懷孕六個月的時候，辦了一場「你媽的秀」，因為我希望把當時還在肚子裡的孩子帶上舞臺，感受掌聲和笑聲。在脫口秀演員裡，我很喜歡一位黃艾莉（Ali Wong），因為她也是邊懷孕邊表演脫口秀的媽媽。生完小孩之後我一直親自餵母奶，我想自然離乳，但始終沒成功，每次出門前，孩子就會想看一下，摸一下，由於這些反應實在太可愛又甜蜜，後來就成為我另一檔秀「我的奶 gg 了」。

　　一邊當媽媽一邊工作的時間真的不夠用，所有母親維持在崗位上都非常辛苦，我想給孩子愛，不是錢，是時間，所以只能先維持即戰力，等到小孩再大一點再全力衝刺。

no.29

香菇愛小香

精品網紅老母的真心話

雖然小孩對我很重要，但是我必須要盡量維持自己原有的生活，保有自己的 Me Time！當我保持很好的狀態，才有更多心力去照顧孩子及家人。當然能滿足這一切，也是因為自己很幸運，有先生的幫助。我一直認為不要因為當了父母，就失去了自己的人生，讓孩子融入你原本的生活，而不是改變自己配合孩子，偶爾也要有屬於自己及與另一半的 Quality Time！

因為女兒年紀還太小，所以我不太會讓她接觸太多的精品，而是讓她保有她這個年紀合適的價值觀。不過我還是很重視對她衣服的挑選，同時也會選一些有美學的知育產品、玩具、拼圖等等，盡可能讓她接觸到有美感的東西，培養她的生活美學。

no.30

蔡珮玲

電影美術老母的真心話

我比較貪心，即使當媽媽了，還是渴望保有自己最熱愛的信仰，很努力的繼續拍電影。所以只能犧牲睡眠，而睡眠也是最低限度的犧牲了。在每次工作開始之前，我能接與否的第一要件，是確保孩子能安全及健康。

我們家沒有後援，所以我在拍《夕霧花園》時，只能選擇帶著孩子一起。我們在馬來西亞的熱帶雨林八個月，讓孩子跟我一起工作。劇組提供了保母住宿及安全舒適的環境，工作才得以完成，真的非常感謝。我曾經遇到過劇組裡有很多來自各個國家的媽媽，她們給我一個很重要的觀念，妳就是孩子的家，沒有什麼事情比每一天工作回家，可以跟孩子彼此擁抱，說我愛你更重要了。

有什麼是你想和媽媽說的真心話

MY FUTURE

我的名字

恭喜你讀完了這本書，我很好奇，在這三十個不同職業的媽媽故事中，你最喜歡的是哪一種職業？這些職業你之前都聽過嗎？如果聽過，跟你原本想像的又有什麼不同？以上這些答案都歡迎與自己的爸爸媽媽或身邊的大人討論分享，說不定在他們的朋友當中就有人是從事一樣的職業。

書中的媽媽們小時候也跟你一樣，可能不太清楚自己喜歡什麼或擅長什麼，甚至沒有想過未來要做什麼工作，他們也都是在成長過程中慢慢摸索，慢慢認識自己，或者把人生中某個重要的影響者當成自己的偶像，然後努力朝他的模樣邁進，其實這也是這本書的目的，我們希望透過每個媽媽的故事，帶你看到工作職場的各種可能和樣貌，各種趣味與挑戰，打開你對於工作的想像。

如果你對工作還是沒什麼概念，那就試著想像一下，有沒有什麼事情讓你連續做很多個小時也不會感到疲倦，可能是觀察昆蟲或是畫畫，或許，那就是你特別有興趣或喜愛的事物，而這些事物都有機會在未來發展成你的夢想工作喔。

HOLLAND CODE

【 練習 1 】

請上網搜尋「何倫碼」或是「Holland 測驗」，你會找到好幾種「興趣測驗」，都可以一起做做看，因為在生涯發展的理論中，Holland 類型理論其中之一的原則就是，職業興趣就是人格的呈現，所以職業興趣測驗就是一種人格測驗。

在 Holland 的興趣測驗中將人與環境分成六大類型，包含了：R- 實作型、I- 研究型、A- 藝術型、S- 社會型、E- 企業型及 C- 事務型。

這些興趣類型也都有相呼應的職業型態。雖然你可能年紀還小，人格與想法還有很多不確定性，但透過這些測驗，或多或少也能了解你的興趣偏好與未來職業的可能輪廓。

現在既有的職業在未來可能會消失，但一定也會不斷產生更多有趣的職業，只要眼界夠大、夠廣，就能清楚知道機會無所不在，凡事都有可能，祝大家都能找到自己夢想的工作，成為最喜歡的自己。

歡迎一起來尋找你的未來職業

TAKE A PHOTO

【練習 2】

首先，請拿起相機或手機，這個任務就是用照片來表達興趣。

請拍攝喜歡的物品，可以是在家裡或室外，任何覺得有意思的東西都可以。

興趣可以是很抽象的，也可以是很具體的。

請你想一想，為什麼會想拍這些物品？透過這些物品從事什麼事情或活動會讓你感到非常興奮和開心呢？

接下來，寫下幾個關鍵字。透過這些關鍵字描述你為什麼會感到興趣。

這個活動的目的是思考和表達興趣，並找出對你來說有意義的事物。如果爸媽能夠跟著孩子一起做，那會更好喔！

3x5 照片黏貼處

關鍵字　　#　　　　　　　　#　　　　　　　　#

關於我媽媽和她的那本書

　　我的媽媽，頭髮捲捲的，眼睛大大的，總是面帶微笑，而且在我眼中，她是最漂亮的人。她很貼心，而且很少抱怨，因為她不想帶給大家負面情緒。每當我剛起床時，她便早就在廚房為我做早餐，每當我受傷時，她總是第一個趕來關心我，這就是我媽媽平常的樣子。

　　每當她要開始準備寫書時，她就會變得超級專心，我們說話，她有時候還會聽不到，而且也常常要去像路易莎那樣的咖啡廳寫稿，所以假日能休息和陪我的時間也變得很少，我就很好奇，媽媽到底在寫什麼。後來她每寫一篇都會問我，看得懂嗎？

　　我覺得寫書的媽媽和平常的媽媽最大的差異就是她的時間和壓力，因為開始寫書後她的休息時間就變少了，既然要寫書，那就會有交稿日，我的媽媽就會想辦法在時間內完成，她開始寫書後，我對她

海倫之子

的認識有了一點改變,例如,以前我一叫她,她就會回答我,現在我叫好幾次,她才會聽到。

最後,我想跟你們分享一個書中我覺得最好玩的職業──運動行銷,因為這工作將兩種不同的東西結合在一起,而且我有剛好是運動員,所以我就特別好奇。看完介紹之後我才發現,這個工作其實分成兩種,一種是運動行銷,一種是行銷運動,運動行銷是指品牌贊助運動隊伍,讓運動隊伍幫品牌打廣告。行銷運動則是去推廣運動比賽、選手或是產品,讓更多人可以知道這項運動。

我覺得這本書很有趣,想推薦給對各種職業有興趣的小學生看,希望你們跟我一樣,都能好好享受這本書。

本文作者為積穗國小排球校隊選手,本書作者海倫之子　張又仁

015

媽媽上班的時候
寫給孩子的第一本工作圖鑑

作者	〈行行出老母團隊〉海倫 & 左邊
插畫	吳怡欣
責任編輯	鍾宜君
封面設計	Bianco Tsai
內文設計	Rika Su
校對	呂佳真

出版	晴好出版事業有限公司
編輯	黃文慧
副總編輯	鍾宜君
編輯	胡雯琳
行銷企畫	吳孟蓉
地址	10491 台北市中山區中山北路三段 36 巷 10 號 4F
網址	https://www.facebook.com/QinghaoBook
電子信箱	Qinghaobook@gmail.com
電話	(02) 2516-6892
傳真	(02) 2516-6891
發行	遠足文化事業股份有限公司 (讀書共和國出版集團)
地址	231 新北市新店區民權路 108-2 號 9F
電話	(02) 2218-1417
傳真	(02) 22218-1142
電子信箱	service@bookrep.com.tw
郵政帳號	19504465 （戶名：遠足文化事業股份有限公司）
客服電話	0800-221-029
團體訂購	02-22181717 分機 1124
網址	www.bookrep.com.tw
法律顧問	華洋法律事務所／蘇文生律師
印製	凱林印刷
初版一刷	2024 年 5 月
定價	580 元
ISBN	978-626-7396-63-6
EISBN	978-626-7396-69-8 (EPUB)
EISBN	978-626-7396-68-1(PDF)

國家圖書館出版品預行編目 (CIP) 資料

媽媽上班的時候：寫給孩子的第一本工作
圖鑑 / 海倫，左邊著；吳怡欣繪 .-- 初版 .--
臺北市：晴好出版事業有限公司出版；新
北市：遠足文化事業股份有限公司發行，
2024.05　224 面；19×26 公分
ISBN 978-626-7396-63-6(平裝)

542.76　　　　　　　　　113004935

1.CST: 職業介紹 2.CST: 母親 3.CST: 通俗作品